Wie und weshalb es so ist wie es ist

von Klaus Händler

AF151172

Es geht um eine einfache Weltbetrachtung. Dabei werden anhand von Teilchen, Energie und Kausalität die Entstehung und Funktion aller Formen erläutert.

Ich erkläre aus dieser Sicht die Funktionsweise einzelner Lebensbereiche und lasse damit auch die Funktionsweise des Universums erkennen.

Auch werden die Hintergründe und Mechanismen unseres Handelns sowie des Handelns unseres Umfeldes aufgezeigt und der Zusammenhang zu allem wird dargestellt. Dabei wird in allen Bereichen der Bezug auf das Grundprinzip und zum besseren Verständnis, das Grundprinzip selbst wiederholt dargestellt.

In erster Linie soll es den suchenden Leser auf dem Weg zur Erkenntnis unterstützen, aber auch gleichzeitig anregen, sein Weltbild zu überdenken.

Klaus Händler

Wie und weshalb es so ist wie es ist

Impressum

Bibliografische Information der Deutschen Nationalbibliothek:
Die Deutsche Nationalbibliothek verzeichnet diese Publikation
in der Deutschen Nationalbibliografie; detaillierte
bibliografische Daten sind im Internet über http://dnb.dnb.de
abrufbar.

© 2025 Klaus Händler

Verlag: BoD · Books on Demand GmbH, Überseering 33, 22297
Hamburg, bod@bod.de
Druck: Libri Plureos GmbH, Friedensallee 273, 22763 Hamburg

ISBN: 978-3-7347-5429-6

Inhalt

Zum besseren Verständnis möchte ich bemerken, dass es sich hier um die aktuelle Überarbeitung einer Erstausgabe handelt.

Dieses erste Buch dieser Art, hatte eher den Zweck einer Expedition als den einer Reise. In der Welt von Wissen und Erkenntnis befindet man sich nicht auf einer geraden Straße, sondern auf hoher See. Die Wellen bewegen sich wogend auf und ab und man sieht kein Land weit und breit. Eine Orientierung ist nur anhand von bereits Erforschten möglich. Die Navigation wird zwar mit technischen Hilfsmitteln immer mehr verbessert, trotzdem ist es, nach wie vor, kein gerader Weg, auf dem man sich da befindet.

Ähnlich verläuft es bei Überlegungen und Erkenntnissen. Es ist wie bei der Herstellung eines Teppichs. Das Leben spinnt die bunten Fäden. Der Teppichknüpfer, also das Gehirn, erzeugt auf der Grundlage von farbenprächtigen Formen aus der Natur ein virtuelles Bild vom Teppich. Es befehligt dann den Körper, mithilfe von Werkzeugen den Teppich so zu gestalten, dass er nach Fertigstellung dem virtuellen Vorbild entspricht. Fehler und Missverständnisse gehören dazu, denn absolut ist nur das große Ganze.

Die alten Teppichknüpfer knüpften aus diesem Grund sogar willentlich Fehler in den Teppich. Im Kleinen ist vieles nicht überschaubar und man erfährt oft erst beim Finden von neuen Informationen, also in der Praxis, den wahren Weg.

Doch nicht nur deswegen wurde dieses Buch überarbeitet. Es waren neu gefundene Informationen und Erkenntnisse, die es notwendig machten.

Ich wünsche dem Suchenden, dass er findig wird, dem Wissensreisenden eine gute Reise und dem Leser, dass es ihn neugierig macht.

Einleitung

Vermutlich begebe ich mich mit diesem Buch auf die größte abenteuerliche Reise meines Lebens.

In jeder abenteuerlichen Geschichte bekommt der Held zwar nicht den versprochenen Schatz, dafür bleibt er aber am Leben.

Nun werden einige sagen: Das stimmt nicht immer. Das stimmt zwar, doch hier ist es etwas anders. Der Held war hier schon immer im Besitz des Schatzes. Er musste nur den Weg des Suchers gehen, um zur Erkenntnis zu gelangen, um schließlich den Schatz zu sehen.

Die Antwort auf Fragen wie, warum das Leben nicht sterben kann und warum es keinen Stillstand geben kann, wird in diesem Buch mitbehandelt.

Warum es nur einige erkennen oder sogar die absolute Erkenntnis erlangen werden, wird auch erklärt. Ziel dieser hier dargestellten, abenteuerlichen Wissensreise ist, wie gesagt, die Erkenntnis, dass wir bereits im Besitz der Wahrheit sind.

Übrigens, hat das Leben die Finder bereits festgelegt. Doch tröstend muss ich gestehen, dass selbst Wahrsager hier diejenigen voraussagen können. Dies könnte nur das Universum selbst.

Die Erkenntnisse in diesem Buch wurden übrigens durch eine bereits stattgefundene abenteuerliche Wissensreise auf der Suche nach einem Heilmittel gegen eine, durch Generationen weitergegebene Lebensangst, erworben.

Es kann also sein, dass dem suchenden Leser der eine oder andere gedankliche Inhalt bereits bekannt vorkommt. Denn vieles davon wurde schon in anderen Büchern behandelt und so betrachtet.

Warum ich mich ständig wiederhole und ein Thema ins andere greift oder überall zu finden ist, liegt an den allem zugrunde liegenden Eigenschaften und Wirkungsweisen des Universums.

Diese Welt, auch Universum genannt, ist wie ein Puzzle-Bild. Es besteht aus unendlich vielen Puzzleteilen, jedes hat eine andere Form und alle zusammen bilden sie aber eine Puzzle-Form.

Da es sich aber um fast unendlich viele Puzzleteile, auch Formen genannt, handelt, benötigt man sehr viele Puzzleteile, Kombinationsgabe und sogar Fantasie, um ab einer gewissen Entfernung, das Motiv zu erkennen.

Nach Auswertung meiner Puzzleteile, also Erkenntnisse, ist alles materiell. Damit meine ich, es ist tatsächlich vorhanden. Der Unterschied liegt nur in der Zusammensetzung.

Dies gilt auch für Virtuelles. Denn selbst Virtuelles wird aus vorhandenen Einzelelementen zusammengesetzt. Dabei musste ich unter anderem feststellen, dass Religion und Wissenschaft sehr nahe beieinanderliegen. Damit sind nicht die Erkenntnisse der jeweiligen Weltbetrachtungen gemeint, sondern nur deren kausales Wirken und deren Zusammensetzung.

Wie zuvor erwähnt, muss ich mich ständig wiederholen, denn alle Wege führen immer wieder zu einer Art funktionellem Grundprinzip.

Es handelt sich dabei um den kausalen Zusammenhang aller Dinge, welcher dies alles hier schlüssig, wenn man es so möchte, auch göttlich, aber nicht von einer Art persönlichem Gott gegeben, macht.

Dabei wird oft ein Wissenstor geöffnet, welches durchschritten werden muss, um die Erkenntnisse wahrhaft zu verstehen. Dieses Tor ist klein und oft schwer zu durchschreiten, denn es hat die Eigenschaften der im Neuen Testament (1) genannten, kleinen Pforte und des im Buddhismus oft erwähnten, torlosen Tors (2).

Die Themen der gedanklichen Reisen sind in diesem Buch verschieden und wurden vom Leben selbst geliefert.

Das Erkennen der Wahrheit ist nicht kompliziert, verlangt aber ständiges Bemühen. Es ist oft so simpel, dass es bei den meisten, sogenannten Findern zum Lachen führte und auf lange Zeit ein positives Gefühl erzeugte. Leider macht es dadurch das Verbreiten der Erkenntnis genauso extrem schwierig.

Grundkenntnisse in den Naturwissenschaften, der Philosophie, den Religionen, der Psychologie und Esoterik können dem suchenden Leser sehr hilfreich sein, sind aber keine Voraussetzung.

Dem nicht so Wissenssicheren empfehle ich trotzdem weiterzulesen, denn Verstehen ist eine Prozessvoraussetzung für Erkenntnis. Diese Feststellung wird übrigens mehr oder weniger in den folgenden Kapiteln beschrieben.

Der Inhalt des Buches sind Betrachtungen, die dem Suchenden als Puzzleteile zur Erstellung des Gesamtpuzzlebildes der Erkenntnis dienen sollen.

Dabei geht es immer um die Wahrheit, welche sich verborgen, in Konzepten darstellt und oft erst mit der Praxis (Benutzung) zur Erkenntnis führt.

Irren ist dabei sogar wichtig, denn dies ist ein wichtiger Bestandteil aller Lernprozesse.

Warum dabei der eine oder andere die Überlegungen ablehnt oder nicht nachvollziehen kann und dann eher einen anderen Wissensweg einschlägt, erfährt der Leser beim Sinn erfassen des Geschriebenen.

Angesichts dessen wird empfohlen, mindestens zwei bis drei Kapitel des Buches, besser noch, das gesamte Buch zu lesen. Denn je mehr Informationen sie von dem Gesamtbild haben, desto eher können sie es erkennen. Schließlich ist es auch das Ziel des Buches, den einen oder anderen Leser zu einer Art eigener Erkenntnis zu führen, welche dann das Ende allen Suchens zur Folge hat.

Durchaus kann es aber auch genau zum Gegenteil führen und dem Sucher das weitere Suchen vermiesen.

Doch das entscheidet, wie zuvor erwähnt, das Leben. Es hat somit auch die Entstehung des Buches entschieden und es trifft auch die Auswahl derer, die es lesen oder nicht lesen, und derer, die das Wissen nutzen oder als Unsinn deklarieren.

(1) Bibel, Neues Testament, Matthäus 7:13
(2) Das torlose Tor. Teisho über die 48 Koan des Mumonkan.

Sein ohne höhere Macht

Leider konnte ich als Kind nicht wissen, dass es sich bei jeder Betrachtung der Dinge um eine Betrachtung des Göttlichen handelt.

War es doch bei mir die materialistische Erziehung und Ausbildung, welche mich noch heute am Glauben zweifeln und eher am Praktischen orientieren lässt. Trotzdem gehe ich gelegentlich den Weg des Glaubens, da von hier aus, für die Menschen die Reise zur Wahrheit über die Dinge begonnen hat.

Der idealistische Weg des Marxismus, der religiöse Weg der Christen und der, an der Gegenwart orientierte Weg der Buddhisten haben mir sehr geholfen, führten aber leider immer in eine Sackgasse. Wie gesagt waren und sind die genannten Lehren für mich Brücken zu neuen Wegen, oder sind Teile davon noch heute Pfeiler meiner Weltanschauung.

Bei allen Wegen löste die erste Begegnung, welche ich eher mit einem Erahnen als mit Wissen machte, die schönsten Glücksgefühle in meinem Leben aus.

Die Widersprüche und Widerstände, welche mir ständig bei der Umsetzung dieser Theorien in die Praxis begegneten, erzeugten dann doch in mir immer ein Gefühl der Unzufriedenheit, spornten mich aber an, mit der Suche fortzufahren.

Vor einiger Zeit war ich noch der Meinung, dass es wohl am Wissensstand liegen muss, wenn Erkenntnis nicht stattfindet. Erst jetzt, mit der Erkenntnis, weiß ich, dass Wissen allein nicht ausreicht, sondern es geduldiges Beschäftigen mit dem Thema und auch Zeit bedarf.

Die, durch die Erziehung in der Kindheit geschaffene Weltbetrachtung zu korrigieren, zu ergänzen und oft auch anders zu werten, um dann die Wirklichkeit zu erkennen, war nun mal keine einfache Sache für mich.

Um es mit dem alten Spruch „Du siehst den Wald vor lauter Bäume nicht" zu erklären. Man sieht die vielen Bäume und denkt, die Lehrer hätten doch gesagt, dass es hier irgendwo einen Wald geben muss, und man schaut und schaut, sieht aber nur verschiedene Bäume. Man versucht, die Bäume zu ergründen, die Baumansammlungen zu beschreiben, setzt sich sogar davor und schaut sie stundenlang an, umarmt den einen oder anderen Baum und schafft es auch, der Baumansammlung einen Namen zu geben. Dies passiert, bis man auf einmal aufwacht. Man geht ins Haus ans Bücherregal und, um sich ganz sicher zu sein, liest man nochmals im Lexikon oder am PC im Internet die Definition über den Begriff Wald durch, damit es dann einen wie Schuppen von den Augen fällt.

Dazu gibt es eine berühmte Geschichte aus dem Zen-Buddhismus. In dieser bekommt ein Bettler von einem alten Mann eine Kiste geschenkt, welche dieser dann immer zum Sitzen am Straßenrand benutzt, um nicht auf dem kalten Boden sitzen zu müssen. Der alte Mann trifft den Bettler später abermals und fragt diesen verwundert, warum er noch betteln würde, er hätte ihm doch eine Kiste voller Gold geschenkt.

Meine hauptsächliche Erkenntnis hatte mit dem zu tun, nach welchem meine in Selbstzweifeln verstrickte Seele so krampfhaft suchte. Ich erkannte, dass die Grundlage von Allem eine einzige „Bejahung" ist, welche die Religionen und Weisheitslehrer als „die allem zugrunde liegende Liebe" bezeichnen. Sie besagt, dass selbst ein Nein ein Ja ist.

Der Liebesbegriff wird am meisten im Kontext der partnerschaftlichen Beziehung verwendet. Dieses Bild finde ich gar nicht so schlecht und will es nutzen, um mein Wissen darüber zu erläutern.

In der Partnerschaft geht es um ein Gefühl, das alles um einen herum in ein absolut positives Licht darstellt, und genauso wirkt die alles zugrunde liegende Liebe. Sie sagt zu allem Ja und man findet sie auch in allen Dingen und kann sie dort am Wirken, Antreiben, Trennen, Zerstören, Töten, Zusammenfügen und Heilen sowie Neuerschaffen beobachten. Selbst Hass und Ablehnung sind die alles zugrunde liegende Liebe.

Hier möchte ich dem Leser eine lächerlich klingende Beschreibung zum Nachdenken geben:

Der Grund, warum alles da ist, ist, dass alles da ist. Es bedeutet: Weil alles da ist, ist alles da, denn wäre nicht alles da, gäbe es das alles hier nicht.

Der Sinn des Lebens ist somit das Leben selbst. Wenn das schon das Ende aller Weisheit wäre, könnte ich hier bereits schließen, aber so einfach ist es nun auch wieder nicht.

Mit der zuvor genannten Erkenntnis war der Weg zum Wissen etwas weniger steinig. Auch erschlossen sich mir dadurch beim Aneignen von Wissensbausteinen logische und funktionelle Zusammenhänge, welche im Alltag existieren und auch so im Universum funktionieren.

Zum Beispiel sah ich, dass das Leben bei Entscheidungen auf dasselbe kausale Auswahlprinzip zugreift, wie ich es aus der Computerprogrammierung kannte. Es ist das sogenannte Eins-Null- oder, einfacher gesagt, Ja-Nein-Auswahlverfahren. Es bildet die Grundlage für das kausale Auswahlverfahren, welches aus meiner Sicht das ganze Universum steuert.

Dieses Verfahren dient nicht nur dem einen Ziel, und zwar der Erhaltung des Ganzen, sondern ist die einzige Möglichkeit und Basis, auf der Entwicklung stattfinden kann.

Ein „Vielleicht" würde die Entwicklung hemmen und zum Stillstand führen. Das bedeutet, ohne dieses Auswahlverfahren gäbe es nichts. Denn Energie, also Leben, muss fließen, sonst ist es keine Energie, genauer gesagt kein Leben. Es wäre nicht nur tot, sondern absolutes Nichts. Das Vielleicht, das wir kennen, ist demnach auch letztlich ein Ja oder Nein, nur nicht sofort sichtbar, sondern nur an seiner Wirkung zu erkennen. Ein göttliches Wesen müsste, so komisch es auch klingen mag, auf dieselbe Steuerung zurückgreifen.

Da das bis hierher Gesagte immer noch eine gewisse Oberflächlichkeit besitzt, möchte ich hier etwas tiefer schürfen.

Im Alten Testament der Bibel steht zur Entstehung des Menschen sinngemäß (1) Gott nahm einen Erdklumpen und hauchte ihm Leben ein. Und hier kommen wir zur Wissenschaft, und zwar der Teilchenphysik (2).

Was ich jetzt versuche nahezubringen, sind mir einleuchtende Denkmodelle, welche erklären, wie alles funktionieren muss. Mit Glauben hat dies hier deshalb nichts mehr zu tun. Hier gibt es keine andere Möglichkeit, da nur so die Rechnung zum Schluss aufgeht. Auch wenn dieser Schluss in der Unendlichkeit liegt.

Physiker, Forscher, Wissenschaftler und Weisheitslehrer haben dies in ihrer eigenen oder ähnlicher Form schon dargestellt und publiziert. Meine Absicht soll, und hier wiederhole ich mich wieder, nur ergänzen oder zu weiteren Überlegungen anregen.

Meiner Meinung nach, und da bin ich nicht der einzige, besteht diese Welt nur aus Energie, denn die Teilchen, von denen ich dachte, dass sie der materielle Anteil wären, sind auch nur komprimierte Energie.

Das ist übrigens die neue Erkenntnis, welche es notwendig machte, dieses Buch neu aufzulegen.

Diese Teilchen sind es aber, welche aufgrund ihrer energetischen Eigenschaften die Substanz sind, aus der dieses Universum besteht.

Jedes Teilchen hat seine eigenen individuellen Eigenschaften und ist somit in seiner Beschaffenheit einzigartig. Es gibt nur ähnliche, aber keine zwei gleichen.

Sie sind unterschiedlich in ihrer Polarität, raumlos miteinander verbunden und besitzen die kleinste räumliche Ausdehnung.

Damit bilden die Teilchen in der Menge die Formen und erzeugen aufgrund ihrer unterschiedlichen Polarität die Energien.

Sie bleiben trotzdem immer für sich, sind unteilbar und können mit keinem anderen Teilchen denselben Raum einnehmen.

Ein Puzzle ist ein gutes Modell für diese Teilchenbeschreibung, wobei man hier die Hohlräume wegdenken muss.

Übrigens findet beim Bowling oder Kegeln diese Eigenschaft „Wo ein Gegenstand sich befindet, kann kein Zweiter sein" ihre Anwendung.

Nun werden einige fragen, woher ich das weiß. Wie bereits gesagt: Wissen allein ist dazu nicht ausreichend.

Vieles davon habe ich in der Schule gelernt, später in Büchern erfahren und durch aufmerksames Beobachten und logisches Denken erworben.

Es sind oft unumstritten logische Schlussfolgerungen, welche leider nicht immer gleich offensichtlich erscheinen.

Zum Beispiel kam mir die wesentlichste Erkenntnis erst, als ich mich mit dem buddhistischen Thema zu dem Vorhandensein eines Handelnden beschäftigte.

Die logische Schlüssigkeit des hier beschriebenen, lässt mich sogar behaupten, dass dieses hier der Wahrheit näherliegt als andere Modelle.

Bei näherer Betrachtung erinnerte ich mich noch an den, in der Schule beigebrachten, Energieerhaltungssatz, welcher hier alles eher bestätigt, als bezweifeln lässt. Denn meiner Meinung nach, besagt dieser Satz, dass Energien nicht verloren gehen, sondern sich nur umwandeln, die Summe aller Energien aber immer die gleiche bleibt.

Es geht also nichts verloren und es kommt aber auch nichts dazu.

Die Mathematik liefert hier die besten Beweise und wird zur Beweisführung von den Wissenschaftlern sogar mit herangezogen.

Die Teilchen haben logischerweise keine Herkunft und bilden, wie gesagt, das Ganze hier, und sie bewegen sich auch nur in dem Ganzen.

Der Antrieb erfolgt mittels der Energien, aus denen sie bestehen, und die Kausalität, bestimmt, durch das Auswahlverfahren die Bewegungs- und Entwicklungsrichtungen.

Für mich sieht es so aus, dass Teichen, deren Energien und die Kausalität die Grundlagen des Universums bilden.

Sie bestimmen und gewährleisten das Vorhandensein, den Erhalt und das Überleben des Ganzen.

Eine Art eigenständiger Wille, wenn man das hier mal so nennen möchte, gibt es nicht, oder wenn, dann nur als Ganzes. Es ist in Wirklichkeit nur ein Funktionieren.

Ein Wille setzt etwas Wollendes voraus, welches nicht der Kausalität unterläge. Es kann nicht Teil sein, sondern es muss das Ganze sein. Ob es will oder nicht, kann es nur mit den vorhandenen Gesetzmäßigkeiten handeln.

Es kann weder Energien und Teilchen im Nichts auflösen, noch aus dem Nichts erschaffen.

Es ist, wie zuvor erwähnt, alles und damit keine für sich existierende Form. Die Buddhisten würden es sogar als formloses Nichts bezeichnen.

Da es alles und nichts Losgelöstes ist, würde dieses Etwas zwar alle Energien und Massen beinhalten, kann diese aber nichts willentlich ändern. Jede Änderung würde immer alles verändern, denn schließlich ist letztlich die Kausalität, die die Richtung bestimmt.

Kausalität bedeutet dabei ja nichts anderes als: Es funktioniert oder es funktioniert nicht. Wenn dieses also

Änderungen vornehmen wollte, müsste es diese unweigerlich aus kausalen Ketten entnehmen, um sie dann wieder in solche zu integrieren. Aus meiner Sicht ist dies unmöglich, denn es würde damit ein Universum zerstören und ein neues erschaffen.

Nun setzen wir hier noch eins drauf und gehen mal davon aus, es könnte Teilchenpolarisierungen ändern.
Änderungen von Polarisierungen lassen sich, wenn überhaupt, nur mittels Energie vornehmen.
Zirkulierende Energien sind an Teilchen gebunden, die diese Energien erzeugen, und bewegen sich damit nur in deren Beisein.
Da aber alle Teilchen und Energien ihren Platz und ihre Funktion im Universum nicht aus reiner Langeweile haben, sondern die Kausalität, sie dahin gelotst, hat, wo sie sich jetzt befinden, kann auch ein Wille sie dort nicht einfach wegbeordern.
Damit wiederhole ich: Ohne Teilchen und zirkulierende Energien, welche kausal miteinander agieren, gäbe es nichts, kein alles steuerndes Etwas, nicht einmal Leere, denn die im Zen genannte Leere ist auch nur Fülle, und womit diese gefüllt ist, habe ich bereits erklärt.

Da wir die Fülle aber mit unseren Sensoren erfassen, gibt es nur eine Schlussfolgerung und die heißt: „Es gibt kein NICHTS!"

Das viel benutzte Modell vom Ozean und dessen Wellen ist hier zwar hilfreich, trifft aber nicht ganz den Kern. Für mich ist das Bild vom Fisch im Ozean eher zutreffend, wobei es außer dem Wasser und dessen Inhalt nichts anderes geben darf.

Die Energie der Teilchen erzeugt und bestimmt deren Polarität. Diese Polarität lässt die Kräfte und Spannungen entstehen, welche die Teilchen wiederum bewegt und zu Formen verbindet.

Wir kennen die Polarisierungen als positiv und negativ, hoch und tief bis zu schön und hässlich. Spätestens jetzt ist für den Leser erkenntlich, dass auch wir Menschen nur eine dieser aus vielen Teilchen und Energien zusammengesetzten Formen sind, welche mit den anderen Formen eine Einheit und schlussendlich das ganze Universum bilden.

Unsere Vorstellung, dass wir getrennt von den Dingen unseres Umfeldes existieren, ist eine Art Wahrnehmung, welche – und hier kann ich nur den Psychologen und Weisheitslehrern zustimmen – aufgrund eines kausalen Lernverfahrens des Gehirns so entstanden ist.

Diese Art der Wahrnehmung, dient als Schutzfunktion zur Erhaltung und Entwicklung der Art, da nur das, was sich getrennt wahrnimmt, gegen etwas getrennt Wahrgenommenes verteidigen kann.

Das Auswahlverfahren, das dabei zur Anwendung kommt, funktioniert, wie schon zuvor gesagt, nach dem kausalen Ja-Nein-Prinzip, wie es in der Computerprogrammierung, mit den Zahlen 0 und 1 dargestellt wird.

Vereinfacht auf das Leben übersetzt heißt dies, dass es sich hier um Weggabelungen mit zwei Ausgängen handelt. Der eine Ausgang funktioniert und ist vergleichbar mit der Zahl 1, und der andere funktioniert nicht und ist somit vergleichbar mit der Zahl 0.

Auf die jeweiligen Formen bezogen heißt das so viel wie: „Erzeugt die Entscheidung Vermehrung und Entwicklung, dann überlebt es und bleibt im Rennen, im anderen Fall wird es wieder zerlegt und dient zur Entstehung der nächsten Form."

Auf Grundlage dieser Erkenntnis stimme ich der Aussage von einigen Lehrern und Lehren zu, dass es nur Entscheidungen gibt, aber kein Entscheidendes. Mit Entscheidendem ist die Form der Person gemeint.

Das Interessante an der Person ist, dass es sich hier aus meiner Sicht nicht um eine stoffliche, sondern eine eher auf stofflicher Basis bestehende virtuelle Form handelt.

Was ich aus vielen Schriften sinngemäß dazu erlesen und für mich selbst erkennen konnte, ist, dass die menschliche Form aus vielen kleineren stofflichen Formen besteht, die in Verbindung mit den sich im Umfeld befindlichen Formen eine neuartige, nichtstoffliche Form erzeugt. Diese virtuelle Form benötigt nicht nur stoffliche Formen, sondern auch virtuelle Formen jeglicher Art, welche sie zum größten Teil dann auch noch selbst erzeugt.

Mich versetzt dieses Meisterwerk der kausalen Entwicklung des Universums immer wieder ins Staunen. Es bestätigt die Erkenntnis, dass sich das Universum mit und durch uns Menschen nicht nur, wie bei allen mit Sensoren ausgestatteten Lebewesen, fühlt, schmeckt, riecht und sieht, sondern selbst erkennt. So gesehen, bildet das Universum für mich insgesamt eine Art kausal handelnder Organismus. Er, oder besser es, ist etwas, aus dem alles ist und das alles ist.

Das oft hierfür in Verbindung gebrachte Wort, Bewusstsein, ist die virtuelle Form, vergleichbar mit einer Leinwand, auf der sich das Universum widerspiegelt.

Vermutlich kann unser Gehirn, welches auch aus dem Nichtzu-erkennenden besteht, dies in seiner jetzigen Struktur bzw. Funktion nur erahnen.

In dem Allen hier ist Göttlichkeit, aber kein losgelöstes Ding, sondern nur ein, in seiner unendlichen Vielfalt bestehendes, auf der Basis kausaler Gesetzmäßigkeit sich entwickelndes Ganzes, das nur wegen sich selbst und durch sich selbst existiert. Meinetwegen gebe jeder der Sache den Namen, den er möchte, ich werde keinen nennen, und das ist auch kausal bedingt.

1. Bibel, Altes Testament, Gen 2, 4–7
2. Die Teilchenphysik widmet sich als Disziplin der Physik der Erforschung der Teilchen, insbesondere der Elementarteilchen.
https://de.wikipedia.org/wiki/Teilchenphysik

Die Ordnung der Dinge

Wer kennt das nicht, man macht sich einen Plan und dann kommt alles anders. Kaum einer käme dabei auf die Idee, dass es sich hier um die Auswirkungen eines kausalen Auswahlverfahrens in seiner reinsten Form handelt.

Das Ja-Nein, Eins-Null- oder auch Auf-Zu Prinzip, mit den beiden Basisrichtungen, ist dabei die Grundlage für Entstehung und Veränderung jeglicher Formen (Dinge).

Das Bild vom Labyrinth erklärt meiner Meinung nach, die Sache am anschaulichsten. Im Labyrinth gibt es Sackgassen und Wege, die weiterführen. Ob es sich bei einem Weg, den man beschreitet, um eine Sackgasse handelt oder ob es der Weg ist, welcher einen weiterführt, ist nicht sofort erkennbar.

Im Universum ist es ähnlich, wobei hier Sackgassen und Weiterführungen von den Eigenschaften bestimmt werden.

Besitzt der Weg Eigenschaften, die ein Überleben sichern, eine Vermehrung gewährleisten und damit eine Weiterentwicklung ermöglichen, wird er vorerst weiterführend sein.

Sackgassen besitzen diese Eigenschaften nicht, genauer gesagt können sie diese nicht ausreichend anbieten und führen dadurch früher oder später zum Zerfall der Form.

Der Zerfall ist aber anderseits auch wiederum für neue Entwicklungen sehr nützlich und sogar unbedingt notwendig.

Deshalb ist jede Entscheidung richtig. Mag sie auch mit Tod und Untergang einhergehen. Ein Tyrann ist genauso wichtig wie der barmherzige Helfer. Beide dienen der Entwicklung der Form Mensch.

Und da ist sie wieder, die allem zugrunde liegende Liebe. Man kann hier ganz deutlich erkennen, dass es sich nicht um ein Gefühl handelt, wenn ich hier von Liebe spreche, sondern um das „Ja" zu allem.

Das „Ja" ist hier auch nicht als Gegenspieler zum „Nein" zu betrachten. Das Nein ist auch nur ein „Ja" zum „Es geht nicht".

Da aber alles da ist und nicht so einfach verschwindet, bleibt nur die Veränderung übrig, die unweigerlich eine neue Form erzeugt. Dabei gibt es kein Besser oder Schlechter, es gibt nur Formen mit anderen Eigenschaften.

Durchaus können diese stabiler und dadurch dauerhafter sein als die alten Formen. Dabei ist das nicht das Ziel, sondern einfach nur ein Ergebnis des zuvor genannten Entscheidungsverfahrens.

Dieser sogenannte Entscheidungsprozess beginnt meiner Meinung nach nicht schon auf der Teilchen-, sondern bereits auf der Energieebene.

Die Energien setzen sich zu Teilchen und diese wiederum zu Formen zusammen. Diejenigen, die funktionieren, überleben, vermehren und entwickeln sich. Alle anderen Formen zerfallen und werden durch die zirkulierenden Energien wieder mittels kausalem Auswahlverfahren zu neuen Formen zusammengesetzt.

Das Zerfallen der Formen ist dabei kein Rückschritt, sondern schafft materielle Grundlagen für neue Formen und somit das große Ganze.

Hier muss man verstehen, dass diese Entwicklungen in allen Bereichen und auf allen Ebenen stattfinden und nicht nur auf der Ebene der Lebewesen, sondern auch bei Planeten, Planetensystemen und was es da sonst noch so gibt.

Da kann plötzlich ein Umfeld entstehen, das kein Weiterexistieren der vorhandenen Formen mehr zulässt. Eine andere, passendere Form nimmt dann den Platz ein, wobei die neue Form auch aus Teilen der alten besteht, nur anders konfiguriert. Mir fällt hier das Aussterben der Dinosaurier und die Entwicklung der Säugetiere an ihrer Stelle ein.

Die Evolutionstheorien sind daher für mich keine Hirngespinste.

Bewusst möchte ich hier keine Namen nennen und bitte die Leserin oder den Leser, sich auf eine Wissensreise der vielen wissenschaftlichen Modelle, welche etwa die

Biologie und Astronomie zu bieten haben, zu begeben. Das einfache Schulwissen reicht hier schon aus.

Da Entwicklung aber auch Bewegung ist und diese immer in Richtungen geht, möchte ich jetzt ein für mich einleuchtendes Modell zum Nachdenken anregen.

Für mich ist die Bewegung der Entwicklung zweidimensional betrachtet wellenartig, in der deridimensionalen Betrachtung spiralförmig. Sie verläuft immer, aber von A nach B. Letztendlich ist sie im Großen und Ganzen betrachtet aber grundsätzlich kugelförmig.

Warum in den kleineren Zeitabschnitten für uns die Bewegungsrichtungen scheinbar linear erscheinen, liegt an der Kurzsichtigkeit unseres menschlichen Gehirns, welches wie bei allen Lebewesen auf Überleben ausgerichtet ist. Die spiralförmige Entwicklung ist dabei keine Entdeckung von mir, sondern ich musste mich in meinen schulischen Ausbildungen theoretisch mit Entwicklungsgesetzen des historischen Materialismus auseinandersetzen.

Zum damaligen Zeitpunkt erkannte ich zwar schon eine gewisse Logik hinter der Sache, musste aber erst noch andere Wege der Erkenntnis gehen, um die tiefe Wahrheit dahinter zu entdecken.

Die Entwicklung ist kein willentlicher Prozess. Auf den Punkt gebracht, möchte ich sagen, dass die vorhandene Materie durch Energie bewegt wird. Die Grundorientierung ist dabei immer fortschreitend und wird vom kausalen Auswahlverfahren bestimmt. Ein Zurück ist nur scheinbar. Selbst wenn man in die Vergangenheit reisen könnte, wäre dies aus einer Vorwärtsbewegung heraus.

Für mich ist der Urknall nur ein Anfang, welchem ein Ende vorausging. Wie zuvor erwähnt, ist die

Grundausrichtung jeder Bewegung kreisförmig, drei-dimensional betrachtet spiralförmig, und diese Spirale bewegt sich wiederum kreisförmig in einer Spirale. Das große Ganze in seiner Unendlichkeit ist dabei kugelförmig. Man kommt aber nie dort an, wo man losgegangen ist.

Bei einem Spaziergang zum Beispiel, mag es oberflächlich so aussehen, als käme man wieder am Ausgangsort an, und dem Augenschein nach mag es so sein, aber der Schein trügt. Denn das Umfeld, der Ort und man selber haben sich, zwar nicht sichtbar, aber doch verändert. Diese Veränderungen sind dabei oft sehr gering und kaum bemerkbar.

Verbleiben tun wir dabei immer in der Leere oder Fülle der Formen. Welcher der beiden zuvor genannten Begriffe der geeignetere ist, hängt von dem Standpunkt der Betrachtung ab.

Als Hilfsmodell möchte ich hier den Baukasten nehmen. Es ist zwar sehr grob gesehen, aber so leicht erklärbar. Im Baukasten befindet sich immer eine bestimmte Zahl von Bausteinen. Egal, welche Form man herstellt, die Anzahl der Bausteine bleibt gleich. Die Bausteine sind hier die Energien.

Vor einiger Zeit hätte ich noch gesagt, die Teilchen. Doch da Teilchen aus komprimierten Energien bestehen und Energien ständig in Bewegung sind, kann es durchaus passieren, dass selbst Teilchen wieder zu Energien zerfallen. Die frei werdenden Energien verbinden sich dann mit neuen Energien und es entstehen neue Teilchen mit neuen Eigenschaften.

Warum das so ist, ist hier die falsche Frage. Es passiert einfach, und zwar nach dem kausalen (0 und 1) Prinzip, welches unausweichlich zur Entwicklung der Dinge führt.

Da dies auch auf die Energien zutrifft, kann man diese mit einer Maschine vergleichen, welche ohne weitere Energiezufuhr, also nur mit der eigens vorhandenen Energie, sich antreibt. Trotzdem bin ich der Meinung, dass es sich hier nicht um ein Perpetuum mobile (1) im klassischen Sinn handelt. Hieraus lässt sich übrigens auch der Sinn des Lebens ableiten. Es geht im Leben nur um dessen eigene Erhaltung, und dafür ist Entwicklung ein absolutes Muss. Es ist kausal bedingt, hier gibt es keine Wahl. Denn ohne Entwicklung keine Existenz. Andersherum gibt es ohne Existenz keine Entwicklung. Beides ist aber auch das Eine. Es existiert nur der eine Baukasten, und dieser Baukasten ist das alles hier und ist kein von uns getrenntes ETWAS. Nicht ein höheres, willkürlich handelndes Wesen wäre, genauso wie wir in der Kausalität gefangen oder frei. Es kann nur nach den wirkenden Gesetzen handeln, denn diese selbst sind nicht willentlich, sondern aus kausalen Notwendigkeiten entstanden und sichern damit den Erhalt des Ganzen.

Es gibt von Weisheitslehrern und -lehren die Theorie, dass es sich bei der ganzen Sache auch um einen Traum der Wahrnehmung handeln könnte. Nur gibt es in der Traumwelt Dinge, die ohne Ursache erscheinen. Kausalität ist in der Traumexistenz nicht notwendig, da alles ohne Ursache da ist. Sobald aber auch hier Kausalität eine Rolle spielt und sogar notwendig ist, handelt es sich nicht mehr um eine Art Traum, wie wir ihn vom Schlaf her kennen. Meiner Meinung nach ist der Grund für das Traummodell die Unerklärbarkeit mancher Erscheinungen und vereinfacht auch die Herkunft dieser.

Da passt natürlich keine darwinistische Entwicklungs- theorie und auch keine physikalisch-astronomische

Theorie vom Urknall (2). Im Traummodell gibt es Entwicklung ohne Kausalität, nur sehe ich überall Kausalität, im Kleinen wie auch im Großen. Natürlich lässt sich Kausalität nicht immer einfach nachweisen, denn alle Komponenten sind nicht immer sichtbar, aber man kann Tendenzen erkennen und was für mich als Techniker eine Art Beweis ist: Man kann dadurch Dinge nachbauen und erschaffen.

Im Traummodell dagegen, entstehen die Dinge wie durch eine Art Zauber und räumen damit die Möglichkeit eines willentlich handelnden, erhöhten Wesens ein, was mich vermuten lässt, dass hier viel Wunschdenken am Wirken ist. Nur sehe ich keine Zauberei, man braucht Steine zum Hausbauen, der Abwasch macht sich nicht von selbst und der Müll wandert nicht allein in die Tonne. Um all das hier zu schaffen, ist Wille nur im kausalen Sinn notwendig, weil es sonst das alles nicht gibt.

Diese wirkt so in allen Welten, selbst in parallelen Welten, um einmal dieses Konzept aufzugreifen. Denn eine Welt beeinflusst die andere, und letztendlich hat auch das Heranziehen einer Traumwelt einen kausalen Ursprung.

Hinter alledem steht kein nicht kausaler Wille, selbst der Ausdruck der Notwendigkeit trifft nicht den Begriff für das, was da passiert, weil, wo 0 ist, keine 1 sein kann. Das alles hier ist trotz der unübersichtlichen Vielfalt weder unergründlich noch aufgrund der Nichterfüllung eigener Wünsche sinnlos. Es geht einfach nur um die Existenz des Universums „Baukastens" und dessen Formen, wobei es selbst die größte Form ist, nicht mehr und nicht weniger.

(1) https://de.wikipedia.org/wiki/Perpetuum_Mobile
Als Perpetuum mobile (lat. ‚sich ständig Bewegendes‘, Mehrzahl Perpetua mobilia) werden unterschiedliche Kategorien ausgedachter, nichtexistierender Geräte bezeichnet, die – einmal in Gang gesetzt – ohne weitere Energiezufuhr ewig in Bewegung bleiben und dabei je nach zugrunde gelegter Definition möglicherweise auch noch Arbeit verrichten sollen. Allen ist gemeinsam, dass sie mindestens einem thermodynamischen Hauptsatz widersprechen und deshalb nicht realisierbar sind.

(2) https://de.wikipedia.org/wiki/Urknall
Als Urknall wird in der Kosmologie der Beginn des Universums, also der Anfangspunkt der Entstehung von Materie, Raum und Zeit, bezeichnet.

Die Entstehung der Regeln

In der Bibel, im Alten Testament, im zweiten Buch Moses, steht sinngemäß geschrieben, dass Moses vom Berg Sinai, mit zwei von Gott gegebenen, Schrifttafeln voll Regeln kam, um diese seinem Volk als neue Richtlinien für ihr Leben zu geben. Zwischenzeitlich hatte sich aber sein Volk eigene Regeln gemacht und er bestrafte ihren Ungehorsam mithilfe des Volkes der Leviten. Dabei existierten diese Regeln bereits, sie mussten oder konnten vermutlich erst nur mit diesem Ritual glaubhaft seinem Volk dargelegt werden. Der Grund, warum diese Regeln bereits existierten, erklärt sich wie folgt:

Jeder kennt Gesetze, Regelwerke und Umgangsformen und kann sich denken, dass diese nicht willkürlich und plötzlich entstanden sind, sondern einen langen kausalen Auswahlprozess durchlaufen haben. Auch wenn es so aussieht, als ob das eine Gesetz mit dem anderen nichts zu tun hat, sind sie doch kausal miteinander verbunden. Die Änderung eines Gesetzes oder einer Regel hat immer Auswirkungen auf andere Gesetze und Regeln.

Am deutlichsten kann man dies bei der ständigen Anpassung des Strafmaßes erkennen. War die Todesstrafe früher gängig und kam leichtfertig bei vielen Kapitaldelikten zur Ausführung, ist ihre Anwendung doch heute stark umstritten. Die Todesstrafe war in den alten Zeiten üblich und diente oft sogar als eine Art öffentliches Schauspiel. Heute wird sie eher als roh und unzivilisiert eingestuft. Sollte sie sich allerdings für das Überleben wieder als notwendig erweisen, kommt sie auch wieder zur Anwendung.

Das Rad der Geschichte geht zwar immer nur in eine Richtung, dies bedeutet aber nicht, dass Dinge, welche aussortiert wurden, nicht wieder ihren Platz im alltäglichen Gebrauch finden. Sie besitzen dann oft qualitativ höhere Eigenschaften. Denn alle Formen dieses Universums sind schon immer im Universum enthalten. Zwar handelt es sich niemals um dieselben, es sind höchstens die gleichen, welche aber eben immer etwas anders sind.

Die Entwicklungsrichtung bestimmt dabei immer nur das kausale Auswahlverfahren, welches auf das Überleben ausgerichtet ist. Auch Sinn und Ziel, welche zur Orientierung im Leben dienen, haben diese Grund-orientierung. Es ist nun mal die des gesamten Universums.

Regeln und Gesetze sind Formen wie Menschen, Tiere, Pflanzen, Mineralien und Elemente. Sie entspringen der Notwendigkeit des Großen Ganzen und dienen damit der Selbsterhaltung. Auch entstehen und vergehen sie in der gleichen Art und Weise. Diese Auswahl ist nicht willkürlich festgelegt worden, sondern es war zum Zeitpunkt aufgrund der Entwicklungsstufe keine andere Entscheidung möglich.

Selbst eine göttliche Persönlichkeit könnte nicht anders handeln und wäre damit Bestandteil des Ganzen oder sogar das Ganze selbst.

Damit ist die Antwort auf die Frage, warum alles existiert, die, dass alles existiert, weil es existiert. Das Verstehen dieses Ausspruches verlangt von demjenigen, der es verstehen möchte, grundsätzliches Erfassen und Erkennen. Denn wer diese Antwort nicht versteht, grundsätzlich erfasst und erkennt, wird wohl weitersuchen müssen. Alle anderen sind schon mehr oder weniger am Ziel, genauer gesagt auf jeden Fall auf dem richtigen Weg dorthin.

Oft werden Regeln und Gesetze als eine Art diktatorische Willenserklärung aufgefasst. Manche Regeln und Gesetze bestätigen dies auch noch, indem sie dem Herausgeber, für alle augenscheinlich, Vorteile und Macht verschaffen.

Wie ich bereits erwähnt habe, unterliegen die Regeln und Gesetze denselben kausalen Gesetzmäßigkeiten wie alle Formen. Damit kann es auch notwendig sein, dass scheinbar benachteiligende Gesetze und Regeln in bestimmten Umfeldern, für das Gesamtziel, also Überleben, notwendig sind und zur Anwendung kommen.

Da diese Gesetze und Regeln das Umfeld beeinflussen und damit auch verändern, führt es dadurch früher oder später zur Anpassung bis hin zur Abschaffung derselben. Regeln und Gesetze sind Formen der Kausalität, welche sich wie alles permanent verändern und anpassen, um damit das Überleben zu sichern. Die Wahlmöglichkeiten zwischen Einhaltung und Verstoß gegen Regeln oder Gesetze sind auch nur kausal bedingt möglich.

Alle Formen, welche aufgrund ihres Umfeldes gegen Regeln oder Gesetze verstoßen, tun dies wiederum auch nur auf der Grundlage von selbst gelernten Regeln und Gesetzen. Diese Regeln und Gesetze stehen, wie zuvor besprochen, im Widerspruch zu den vorhandenen, um letztlich sich selbst einen Vorteil und damit eine bessere Möglichkeit zur Erhaltung der eigenen Art zu verschaffen.

Es gibt heute noch Stämme in geschützten Gebieten, wo es richtig ist, einen Fremden oder ein Mitglied von einem anderen Stamm lieber zu töten, als ihm eine Chance zur Integration zu ermöglichen. Es stammt eben noch aus einer Zeit, in der alle so dachten und handelten, und da hatte es auch seinen Sinn, führte aber auf die Dauer gesehen jedoch in eine Sackgasse. Nicht umsonst müssen diese Ureinwohner in Reservaten geschützt werden.

Wenn man es so nimmt, sind es die Konsequenzen, welche Regeln und Gesetze notwendig machen. Damit meine ich nicht das Strafmaß, sondern die Auswirkung des Handelns.

Je mehr eine Lebensform, diese Auswirkungen erfassen kann, desto besser stehen ihre Chancen, zu überleben, sich fortzupflanzen und sich weiterzuentwickeln.

Bevorteilung und Erhaltung der eigenen Art stehen hier leider immer im Vordergrund und sind so oft auch gleichzeitig starker Gegenspieler von vorhandenen Regeln und Gesetzen.

Die Ursache für nachteiliges Handeln liegt darin, dass unser Gehirn oft noch zu wenige und ungeprüfte Informationen, also Erfahrungen, besitzt und sich dann eher am Naheliegenden orientiert. Fehlende und nicht in der Praxis geprüfte Informationen sind es dann, die uns veranlassen, auf ursprüngliche Programmierungen (Konditionierungen) zurückzugreifen. Dieses führt dann oft zu Konflikten mit aktuellen Gesetzen, welche auf der Grundlage von mehr Wissen und Erfahrung festgelegt wurden.

Programmierungen entstehen im Wesentlichen durch Erfahrungen und angeeignetes Wissen. Allerdings ist Erfahrung die beste Methode, denn sie ist im Gegensatz zu theoretisch beigebrachtem Wissen, pure Kausalität.

Jeder gute Pädagoge weiß, dass Gesagtes allein nicht immer ausreicht. Deshalb wird der Lehrstoff häufig mit praktischen Beispielen wie Modellen, Bildern, Expeditionen und Experimenten vermittelt.

Die Mathematik verkörpert im Wesentlichen die absolute Wahrheit. Sie ist sozusagen wie auch der Lernprozess pure Kausalität.

Der Lernprozess und die Entwicklung des Gehirns stehen dabei übrigens auch in einem kausalen Abhängigkeitsverhältnis, denn ohne dem "Einen" gäbe es das „Andere" nicht.

Das menschliche Gehirn ist nicht plötzlich aus heiterem Himmel gefallen, sondern hat sich wie bei Vögeln, die zum Fliegen Flügel und bei Fischen, die zum Tauchen Kiemen benötigten, mittels kausalem Auswahlverfahren zu dem, was es heute ist, so entwickelt.

Die Gehirneigenschaft der Informationsverarbeitung führte dazu, dass wir Werkzeuge und Strategien entwickelten, welche unser Überleben auf Dauer sicherten.

Wie man erkennen kann, war diese Weiterentwicklung nicht willentlich entstanden, sondern aus unbedingter Notwendigkeit.

Die Regeln und Gesetze der Menschen werden also nicht durch etwas oder jemanden gemacht, sondern sind durch ein entsprechend entwickeltes und geschultes Gehirn erkannt worden. Da aber die Entwicklung der Menschen aufgrund des unterschiedlichen Umfeldes nicht überall gleich ist, also nicht alle zeitnah die gleiche Entwicklungs- und Bewusstseinsstufe haben, gibt es auch unterschiedliche Regeln. Wir können sie heute noch in den einzelnen, besonders in den politischen und religiösen, Gemeinschaften beobachten.

Bestrafung war und ist immer noch ein Mittel, welches vom Gesetzgeber angewendet wird, um die Gemeinschaft vor einzelnen fehlentwickelten Menschen oder Menschengruppen zu schützen. Diese Art der Durchsetzung der Gesetze funktioniert aber nur bis zu einem bestimmten Stadium der Entwicklung, denn sie lässt meistens nur eine Richtung der Entwicklung zu, welche schließlich auf kurze

Sicht funktioniert, letztlich aber auch zur Vernichtung führen kann.

So wie viele Menschen die Gefahr in einer Diktatur sehen, sehen es aber auch viele in der Demokratie. Welche von beiden als Nächste funktionieren wird, entscheidet auch hier das kausale Auswahlverfahren und nicht der Mensch.

Es gibt keine endgültige Lösung. Der Grund dafür ist die Dynamik des Universums, welche aber notwendig ist, denn ohne Dynamik kein Universum. Das Universum kann nur existieren, wenn sich die Materie bewegt. Bewegen kann sich aber nur die Materie, die Energie erfährt, was wiederum zur Folge hat, dass ohne Energie auch kein Universum existieren würde. Somit ist alles immer im Wandel und damit ist und bleibt das einzige Ziel, die Erhaltung des Universums. Der Ausdruck „Der Weg ist das Ziel" trifft hier die Sache auf den Punkt.

Die Welt für zukünftige Generationen zu sichern, kommt der Erhaltung, Vermehrung und Entwicklung des Menschen zugute, bedeutet aber nicht, dass der Mensch trotzdem eines Tages, in den Bausteinkasten des Universums wieder aufgeteilt wird. Zur Beruhigung aller sei aber gesagt, dass diese Bausteine nicht verloren gehen, denn sie waren bereits da, bevor er da war, und sie werden in alle Ewigkeit da sein, nur die Form ist dann eine andere. Es muss auch nicht ein Verschwinden sein, es kann auch, und das denke ich eher, eine Weiterentwicklung werden.
Hier möchte ich noch auf das Traummodell oder die Traumlehre zu sprechen kommen. Es gibt einige

Philosophen und Weisheitslehrer, die der Meinung sind, dass dies alles hier ein sogenannter Traum ist.

In einem Traum sind aus meiner Sicht keine Regeln notwendig, weil die Umfelder und Formen aus dem Nichts entstehen und in das Nichts zurückgehen. Damit ist Materie und Energie einfach so da und kann auch einfach so verschwinden. Die Kausalität wirkt dabei nur unmittelbar. Diese schützt uns aber nicht wirklich, sondern es überlässt das Entstehen und Vergehen der Formen einfach einer unberechenbaren höheren Macht.

Leider sehe ich aber überall nur kausales Wirken, denn nur weil ich es mit meinen Sinnesorganen nicht erfasse, heißt es noch lange nicht, dass es nicht vorhanden ist. Schließlich muss Brot gebacken und ein Kind geboren werden. Warum gibt es dann im Traum kausale Abläufe, wo doch alles auch nur einfach so entstehen kann? Wie zum Beispiel im Schlaraffenland.

Aber auch dieser Weg der Erkenntnissuche dient letztlich dem Hauptziel und damit dem Überleben und kann somit auch unseren Erkenntnishorizont erweitern.

Schließlich kann auch das oben beschriebene materielle Weltbild noch etwas anders aussehen. Wir können es nicht so einfach und endgültig erkennen, weil es vom derzeitigen Wissens-, also Entwicklungsstand unseres Gehirns abhängt.

Die Bewegung des Universums, welches die Formen erschafft und verändert, verhindert damit aber auch eine Endgültigkeit. Jegliche Benennung ist hier nicht dienlich und wirkt entwicklungshemmend und könnte somit sogar dem Überleben schaden. Darum wird auch in einigen heiligen Schriften gefordert, sich von Gott kein Bildnis zu machen, da jedes Bild eher von ihm fortführt als zu ihm hin.

Regeln und Gesetze sind somit die sichtbaren Formen der Kausalität und tragen ihre Notwendigkeit in sich. Ein scheinbarer Verstoß oder eine Abweichung bestätigt dies alles und ihre Notwendigkeit. Willkürlichkeit bei der Aufstellung von Regeln und Gesetzen kann es also nicht geben, denn jedes Gesetz hat seinen Ursprung in und unterliegt der Kausalität und dient letztlich dem Überleben, aber auch nur so lange, wie es dafür notwendig ist.

Gut und Böse

Die Frage, um die es hier geht, wurde bereits von einigen Philosophen und Weisheitslehrern behandelt. Eigentlich gibt es kein Gut und auch kein Böse, doch fürs Überleben und Weiterentwickeln sind sie unbedingt notwendig. Bei Gut und Böse geht es einerseits um Polarisierung, andererseits um Gefahreneinschätzung.

Die unterschiedlichen Energien schaffen Polarisierung und erschaffen wiederum Energien. Ohne Energie keine Bewegung, also auch keine Entwicklung der Formen. Es sind somit die kausalen Voraussetzungen für das Vorhandensein des Universums.

Polarisierung macht alles erst sichtbar. Weisheitslehrer erklären dies mit folgendem bildhaften Vergleich: Wenn alles eine Farbe hätte, gäbe es keine Farbe.

Mit anderen Worten: Wenn alles böse wäre, gäbe es auch kein Böses.

Die Unterscheidung in Gut und Böse, und hier kommen wir zur zweiten Notwendigkeit der dualen Unterscheidung, ist eine rein menschliche Benennung und dient zur Gefahreneinschätzung und damit zum Überleben. Entstanden ist dieser Mechanismus durch das kausale Auswahlverfahren.

Jedes Lebewesen nutzt es, denn es ist die einzige Möglichkeit, Gefahren zu erkennen und zu beseitigen oder ihnen aus dem Weg zu gehen. Damit ist sie auch mit der Voraussetzung, dass Entstehen und Entwicklung, besser gesagt, eine Schöpfung stattfindet.

Diese zwei Pole verursachten eine Lebensform, wie wir es sind. Sie schafften einen Organismus, der mittels sinnlichen Erfassens und eines Gehirns überlebenswichtige Informationen aufnehmen und speichern kann. Gleichzeitig ist er damit in der Lage, Gefahren zu erkennen, geeignete Mittel herzustellen und Maßnahmen einzuleiten. Alles zusammen bildet einen starken Schutz und sichert das Überleben. Hier kann man sehen, dass diese Entwicklung nicht willentlich, sondern notwendigerweise vonstatten ging.

Wenn ein göttliches Wesen, etwas Derartiges wie den Menschen erschaffen wollte, müsste es dieselben Voraussetzungen schaffen.

Wie zuvor erwähnt, sprechen wir hier von der Entstehung des Menschen in der Form, wie er es jetzt ist. Es geht hier nicht um menschenähnliche Wesen. Hier gibt es wie in allem keine Wahlmöglichkeit. Der Werdegang der Entwicklung des menschlichen Gehirns entstand und funktioniert auch heute noch auf der Grundlage eines Schutzmechanismus.

Der Schutzmechanismus entstand auch nicht zufälligerweise, sondern entwickelte sich durch das, schon mehrfach erwähnte, kausale Auswahlverfahren. Es überlebten, vermehrten und entwickelten sich nur die Formen, die durch dieses Auswahlverfahren besaßen.

Parallel dazu entwickelte und verbesserte sich aber auch das Auswahlverfahren. Es ist wie bei einem Pendel, das einmal angestoßen sich hin (Entwicklung der Form) und her (Verbesserung des Auswahlverfahrens) pendelt. Es wird nur nicht langsamer, sondern schneller.

Das Gehirn macht genau genommen den ganzen Tag nichts anderes, als mithilfe der Sinne als Sensoren, das Umfeld nach Gefahren abzusuchen.

Dies tut es, indem es die aktuelle Situation mit seinen gespeicherten Erfahrungen und angeeignetem Wissen vergleicht, um dann mittels kausalem Ausschluss-verfahren, die Reaktion zu finden, welche ein Überleben sichert.

Die emotionsgeladenen Informationen haben dabei einen besonders großen Einfluss. Je stärker diese Erfahrungen sind, desto mehr körperliche und geistige Ressourcen werden aktiviert und zum Überlebenskampf eingesetzt.

Da aber nur auf das vorhandene Wissen, welches nur einen begrenzten Umfang hat, zugegriffen werden kann, führt es dazu, dass nicht alle Entscheidungen das Überleben sichern. Durchaus kann es sogar auch zum Gegenteil führen.

Die Selbstwahrnehmung und das Nicht-Erkennen dieses Auswahlverfahrens lassen für uns Menschen die Sache dann so aussehen, als ob wir durch ein „ICH" willentlich Einfluss nehmen würden. Dieses Ego-Bewusstsein ist aber zum Überleben notwendig. Dasselbe Auswahlverfahren hat es so entstehen lassen.

Die kausale Entwicklung verläuft aber auch nicht eingleisig. Sie wird vom Umfeld beeinflusst und beeinflusst das Umfeld aber auch wiederum.

Zum Beispiel wird das Ego-Bewusstsein durch die menschliche Gemeinschaft verstärkt. Eltern, Lehrer, Freunde und andere Mitglieder der Gesellschaft erzeugen durch sogenannte Erziehung und vorbildliches Handeln eine Konditionierung (Programmierung). Dabei wird das Ego permanent bestätigt und gefördert, aber auch getadelt und bestraft, was dazu führt, dass der Einzelne von der Gemeinschaft nicht nur stofflich, sondern auch emotional abhängig wird. Die Gemeinschaft bleibt damit zusammen und ist somit stärker gegen äußere Angriffe gerüstet. Es entsteht sozusagen eine Art Gruppen-Organismus, welcher so besser in der Lage ist, sich gegen äußere Widrigkeiten durchzusetzen.

Den lebenden Beweis finden wir besonders bei Tieren, welche in Herden, Rudeln oder Schwärmen leben und damit größere Überlebens- und Entwicklungschancen haben. Bei uns Menschen sind es Familien, Vereine, Gesellschaften, Klans, Stämme, Dörfer, Städte, Länder, Staatengemeinschaften und so weiter.

Aber nicht nur Lebewesen sind es, die uns derartig beeinflussen. Auch alle anderen Formen in unserm Umfeld – ach, was sage ich, im Universum – haben einen entsprechenden Einfluss.

Daraus lässt sich schlussfolgern, dass ein willentlich handelndes Wesen nicht nur unnötig ist, sondern auch die ganze Sache in Gefahr bringen würde. Was wiederum bedeutet, dass kausal keine Notwendigkeit für ein unabhängig und willentlich handelndes Wesen besteht und es deshalb auch nicht evolutionär in der Form entstanden ist. Es wäre zu schwach. Und wäre es auch riesig, es wäre zu instabil.

Das trotzdem ein Wesen, das sich einbildet, unabhängig und willentlich zu handeln, entstanden ist, liegt wohl auch an der Notwendigkeit. Denn nur so kann es sich einer Gemeinschaft zuordnen.

Das Vorhandensein einer Form, welche wir Persönlichkeit nennen, wird damit nicht in Abrede gestellt. Es ist nur kein einzelnes „Etwas", sondern sie setzt sich, wie auch unser Körper, aus vielen unterschiedlichen Komponenten zusammen, welche alle kausal miteinander und mit der Umwelt agieren.

Wenn man so will, gibt es kein handelndes Etwas, sondern nur ein Handeln. Diese hier dargestellte Erkenntnis, wurde übrigens bereits durch viele Weisheitslehrer und Weltanschauungen bestätigt.

Dieses Wissen ist den Menschen schon lange bekannt, wird aber aus den kausal entstandenen und bereits genannten Selbstschutzgründen nicht von der Menschheit realisiert. Derartige Erkenntnisse werden nur dem Suchenden zugänglich, welcher mit der Klarheit eines Zen-Buddhisten die Welt betrachtet.

Denken allein führt hier nur dazu, dass unser Gehirn die Zerstörung und Auflösung des imaginären Ichs befürchtet. Der Schutzmechanismus würde nicht mehr funktionieren, denn es gibt einfach nichts mehr, das man schützen müsste. Darum werden die neuen Aussagen weder angenommen noch geprüft, sondern man bleibt lieber im gedanklichen Fahrwasser der bereits für sich übernommenen Wissensbausteine. Schließlich waren diese ja von anerkannten Experten oder durch Eigenerfahrung geprüft worden und bilden damit keine Gefahr, sodass man entspannt agieren kann.

Trotzdem kommt es vor, dass bei einigen von uns – und meistens sind es diejenigen, welche sich im jetzigen gedanklichen Fahrwasser nicht wohlfühlen – ein starker Drang zur Suche nach der Wahrheit entsteht. Durchaus kann es sein, dass dann Wissen und Erfahrung in eine Art Widerspruch geraten und damit für das Gehirn keinen logischen Schluss ergeben.

Dieser meistens widersprüchliche Schluss, aktiviert eine Art Schutzmechanismus, der das Gehirn veranlasst, eine Lösung zu finden, um eine mögliche Gefahr auszuschließen und abzuwehren.

Leider kommt es dabei vor, dass diesen Widerspruch Menschen erfahren, welche vom Leben darauf nicht vorbereitet oder eingestellt worden sind. Sie sehen nur die Nichtexistenz. Dabei handelt es sich nicht um Leere, sondern um Fülle, denn wir sind Teil eines Ganzen. Wir sind nicht ein einsames Treibgut auf hoher See, wir sind der See, und zwar mit allem hier zusammen.

Die Welt und ein Ich

Der Titel dieses Kapitels erzeugt den Eindruck, dass die Welt und ich getrennt voneinander existieren. Dass diese Trennung nur scheinbar und in Wirklichkeit nicht vorhanden ist, habe ich bereits in den vergangenen Kapiteln erklärt. Was ich aber hier abermals erläutern möchte, ist deren unbedingte Notwendigkeit.

Zu diesem Thema kursieren in der Hauptsache zwei Betrachtungen. Die eine besagt, dass die Welt ohne mich nicht ist, und die andere, dass ich ohne die Welt nicht existiere.

Die zuerst genannte Betrachtung behandelt das Traumthema. Es gibt die Annahme, dass das Leben ein Traum ist. Dass wir nur erscheinen, aber nicht existieren.

Es besagt weiterhin, dass wir reines Bewusstsein, also der Raum, in dem alles stattfindet, sind. Damit sind wir alles und alles sind wir. Diese Denkweise bedarf eines Bewusstsein-Empfindens, welches einen meditativen Lernprozess voraussetzt. Durch das ständig konzentrierte, nicht involvierte Beobachten der Gedanken wird eine Vorstellung geschaffen, die diese Betrachtung als sinnvoll bestätigt. Dazu kommen noch die nicht nachvollziehbaren Entwicklungen des Umfeldes, welches der Sinnlosigkeit aller Dinge eher zuspricht. Man scheint an der Weisheit letzten Schluss angekommen zu sein.

Ich kann diese Betrachtung teilweise sogar nach-vollziehen. Doch habe ich festgestellt, dass man aufpassen muss, damit die Erde nicht wieder zur Scheibe wird. Ohne praktisches Handeln und nur mit reinem gedanklichem

Erfassen wäre für die menschliche Betrachtung die Erde vermutlich heute noch eine Scheibe.

Die Frage, die ich mir hier stelle, ist: Warum braucht es dann noch diesen Organismus? Warum also braucht es diesen Apparat wie unseren Körper, welcher mit den sieben Sinnen als Sensoren und einem Rechner wie dem Gehirn und den übrigen Organen als Stromversorgung und Basiselementen ausgestattet ist?

Die Antwort trägt die Frage bereits in sich. Denn tatsächlich benötigt es nun mal so einen Apparat wie unseren Körper, damit ein erfassendes Bewusstsein entsteht, in welchem sich die Welt widerspiegelt.

Wenn alles nur Bewusstsein, also lediglich virtuell vorhanden wäre, bestünde keine Notwendigkeit für einen derart komplex funktionierenden Körper.

Jedoch ist mancher der Meinung, dass all die Teilchen und Energien, aus denen sich das alles hier zusammensetzt, schon eine Art Bewusstsein sind. Das ist durchaus richtig, nur muss alles funktionieren. Bei genauer Betrachtung bestehen die Formen deswegen trotzdem aus den Teilchen und werden von Energien zusammengehalten und zum Leben erweckt.

Sie kommen also nicht aus dem Nichts. Genau genommen sind alle Formen schon mehr oder weniger da. Nur können wir das aufgrund der fast unendlichen Vielfalt der Teilchen und Energien nicht überblicken und schließen daraus, dass es unmöglich ist, alles stofflich zu manifestieren, und ordnen es lieber einer unerklärlichen Traumwelt zu.

Ein Erscheinen lässt sich jedoch einfacher erklären als ein Existieren und man kann damit auch besser Macht ausüben. Die auf der Grundlage der Erscheinung eingesetzte Macht ist aber auch nur aus kausaler Notwendigkeit entstanden, denn es geht darum, etwas zu erreichen, damit die eigene Form geschützt ist.

Leider birgt sie aber auch hier verschiedene Möglichkeiten der Nutzung, unter anderem jedoch auch damit eine Gefahr des Missbrauchs, welcher auf lange Sicht die Form vernichtet.

Die Macht ist übrigens eine ideelle Form. Sie verlangt also wie jede virtuelle eine entsprechende materielle Form als Voraussetzung. Das reine Vorhandensein einer ideellen Form ohne materielle Grundlage ist sinnlos. Denn ihre Notwendigkeit entsteht aus dem Vorhandensein der materiellen Form.

Es ist die Kausalität, welche hier wirkt, denn ohne Kausalität entsteht nichts Funktionierendes. Oder anders gesagt: Warum dann die Existenz all der kausalen Maschinen und Organismen, einschließlich wir Menschen? Diese Fragen sind auch die Grundlage für meine folgende Überlegung.

Im Sprachgebrauch werden oft die Ausdrücke „virtuell" oder „real" verwendet. Beide Ausdrücke werden dabei strikt getrennt und wie zwei Welten behandelt. Dabei wird angenommen, dass die „reale Welt" natürlich entstanden oder religiös betrachtet, von Gott und die „virtuelle Welt" vom Menschen geschaffen worden ist. Dabei ist die virtuelle Welt auch Bestandteil der realen Welt.

Beide Welten werden gleichsam im Gehirn dargestellt. Der Unterschied liegt hier nur bei der Informationsbeschaffung. Dabei wird die Art der Informationsbeschaffung von den Eigenschaften der Informationen bestimmt.

In der materiellen Welt werden die Informationen mithilfe der Sinnesorgane, also einer Art Sensoren, beschafft. Dafür müssen die zu erfassenden Dinge Eigenschaften besitzen, auf welche Nerven und Sensoren reagieren.

Die virtuelle Welt holt sich dagegen ihre Informationen aus erfasstem und gespeichertem Material.

Damit ist das tatsächliche Vorhandensein der Dinge, in welcher Form auch immer, für mich bewiesen.

Dass es dabei sein kann, dass die Teilchen, aus denen die Dinge bestehen, nur Energie sind, ist dabei unerheblich, denn sie besitzen ja die Eigenschaften, welche die Sensoren reagieren lassen und schließlich das Gehirn als Information auf Energiebasis speichern kann.

Zur Informationsbeschaffung auf der virtuellen Ebene sei noch Folgendes gesagt: Natürlich erzeugt das Gehirn bei der Erfassung einer materiellen Form mehrere virtuelle Formen.

Es erschafft aber eine neue virtuelle Form immer nur auf der Grundlage einer tatsächlich vorhandenen Form, welche es selbst energetisch daraus erschaffen hat.

Obwohl das Gehirn unendliche Male auf dieses Gebilde zugreifen kann, bleibt sie eine einzigartige Form. Das gilt auch für jede neu virtuell geschaffene Form.

Damit ist klar, dass das Gehirn nur auf gespeicherte Informationen zugreift. Und dies dann auch nur auf Grundlage einer kausalen Systematik.

Gespeicherte Emotionen spielen dabei eine besondere Rolle, denn diese halten die Fäden im Hintergrund in der Hand. Schließlich bestehen alle Gebilde, auch Informationen genannt, auch gleichzeitig aus Emotionen.

Die Emotionen sind es, auf welche das Gehirn reagiert und die Information dadurch speichert und sie vermutlich sogar erst ermöglichen, weil diese eine Art Energie besitzen.

Wie gesagt, sammelt das Gehirn tagsüber nur Bilder, auch Sachinformationen genannt, welche auch Emotionsinformationen beinhalten. Auf der Grundlage dieser gespeicherten Bilder mit Emotionsinformationen setzt das Gehirn durch seine lernende Eigenschaft eine Geschichte zusammen.

Der ursprüngliche Grund dafür ist der reine Selbstschutz. So wie es tagsüber jede Information nach möglichen Gefahren prüft und Gegenmaßnahmen einleitet, versucht das Gehirn auch hier, die gespeicherten Emotionen zu prüfen und Gegenmaßnahmen einzuleiten.

Emotionen werden chemisch, also auf Teilchenbasis, vom Gehirn erzeugt, gesteuert und gespeichert. Diese stofflich gespeicherten Emotionen, werden mittels Sprache, Laute, Mimik, Gestik, Schriften und anderer Darstellung an die Umgebung weitergegeben. Und das auch über Generationen hinaus.

Virtuelle Objekte und Dinge bestehen dagegen nicht aus Teilchen, sondern aus gespeicherten Informationen. Damit diese virtuellen Formen aber entstehen und gespeichert werden können, benötigt es entsprechende Formen aus Teilchen wie Organismen oder Maschinen.

Diese besitzen aufgrund ihrer Konstruktion Eigenschaften, welche Energien in Informationen umwandeln können.

Diese Informationen werden dann wiederum mithilfe eines aus Teilchen hergestellten oder gewachsenen

Apparates durch bestimmte Prozesse in virtuelle Formen zusammengesetzt, welche den tatsächlichen gleichen.

Beispiele für solche Apparate sind der Schallplattenspieler, das Radio, der Fernseher, der Computer und auch der größte biologische Apparat, das Gehirn, um nur einige wenige zu nennen.

Wenn wir also reines Bewusstsein wären, in dem das Leben stattfindet, dann wäre alles virtuell. Nur frage ich mich wiederholt: Wenn alles virtuell ist, warum dann noch diese Apparate und Organismen? Warum muss virtuell ein Apparat hergestellt oder ein Organismus geboren werden und warum kann er kaputtgehen, altern und sterben und warum all die Kausalität?

Die Antwort ist hier auch schon in der Frage enthalten. Die Funktionsweise aller Formen beweist, dass es keine virtuelle Welt ist, in der wir leben. Wenn wir selbst etwas Funktionierendes herstellen möchten, benötigen wir Material und Verfahren, welche zusammenpassen müssen.

Nochmal: Es wird immer Energie benötigt, um Formen zu schaffen. Ob es sich dabei um eine materielle oder virtuelle Form handelt, entscheidet der Stoff, aus dem sie hauptsächlich besteht.

Beide Formen haben Eigenschaften und gehören zum großen Ganzen und sind damit dessen Bestandteile, was wiederum bedeutet, dass man sie nicht einfach entfernen kann, nur wandeln.

Aufgrund des Entwicklungsstandes unseres Organismus, schafft unser Gehirn ein Bewusstsein, welches das Materielle sowie das Virtuelle immer nur unvollständig erfasst. Nur der aus kausaler Notwendigkeit vorhandene

Lernprozess, den man auch Entwicklungsprozess nennt, schafft es, dass wir dieses Bewusstsein erweitern können.

Dabei ist die wechselseitige Kommunikation mit dem Umfeld unbedingt notwendig. Ohne diese gibt es auch keine Weiterentwicklung. Die Entwicklung würde mit jedem Formen-Zerfall beendet sein.

Hier kann man erkennen, dass das alles ähnlich wie in einem Gehirn funktioniert und auch gespeichert wird. Wer also weiß, wie das Gehirn funktioniert, weiß auch gleichzeitig, wie das Universum funktioniert.

Die Entwicklungsrichtung ist hier vermutlich in erster Hinsicht linear. Vergrößert man aber den Abstand der Betrachtung, verläuft die Entwicklung hier auch, zweidimensional betrachtet, kreisförmig, dreidimensional, sogar spiralförmig und im Großen und Ganzen betrachtet kugelförmig. Ein Anfang und ein Ende gibt es in der Unendlichkeit nur abschnittsweise.

Mit den Entwicklungsprozessen finden Umwandlungsprozesse statt. Genau genommen ist jeder Prozess, ein solcher. Warum jeder Prozess in der Hauptsache ein Umwandlungsprozess ist, liegt an der Materialbereitstellung.

Vergleichbar ist das mit einem Bausteinkasten, den jeder als Kind hatte. Man konnte eben nur mit den Bausteinen bauen, die einem zur Verfügung standen. Oft war es dann auch so, dass einem nur für eine Form Teile zur Verfügung standen. Um eine neue herzustellen, benötigte man dann die Teile der vorhergehenden Form. Dabei brachte man die Erfahrung, die man beim Bau der alten Form gesammelt hatte, in die neue Form ein. Dadurch war es aber auch möglich, Fehler zu korrigieren, und zu guter Letzt hatte die neue Form eine höhere Qualität.

Dies erklärt übrigens, dass sich die Formen durch Erschaffen und Zerstören beeinflussen. Die daraus resultierende Entwicklung führt aber im Universum nicht immer zu einer Verbesserung der Form. Verbesserung bedeutet hier, dass sich die Form den Umständen besser anpasst, sich dadurch vermehrt und weiterentwickelt. Ist das nicht der Fall, zerfällt die Form und verlässt für die Weiterentwicklung einer neueren Form, die „Bühne des Universums". Es ist somit das kausale Auswahlverfahren, das die Richtung im Universum bestimmt.

Wir benötigen in der Hauptsache Energie zum Leben, und die holen wir uns durch Aufnahme von Speisen aus festen, flüssigen und gasförmigen Stoffen. Mit diesen Bausteinen bauen wir dann an unserer Form. Da wir auch zerfallen, werden unsere Bausteine dann auch wieder Bausteine von Pflanzen, Tieren, Mineralien, Gasen und Flüssigkeiten.

Anhand der Entstehung von Steinen kann man übrigens das Zusammenwirken von Energie und Teilchen erahnen. Zu Beginn waren Steine flüssig, wenn nicht sogar gasförmig. Verursacht wurde dies durch die Energiemenge, welche sie besaßen und dann an die nächste Substanz abgaben, damit diese sich wandeln konnte. Dies passiert nicht willentlich, denn Energien bewegen sich von einer Polarisierung zur nächsten, weil Energien nur durch Polarisierung und umgekehrt Polarisierung durch Energien entstehen.

Polarisierung verlangt aber Gegensätzlichkeit, Gegensätzlichkeit verlangt Dualität, und damit besteht das Universum aus vielem und verschiedenem Dualem. Am deutlichsten erklärt dies das aus dem asiatischen Raum stammende Ying-und-Yang-Symbol.

Die kurvenartigen Flächen sind raumlos miteinander verbunden, aber trotzdem getrennt. Damit wird bestätigt, dass die Teilchen ihre unterschiedlichen Eigenschaften nur durch ihre Polarität besitzen, also jedes Teilchen seine eigene Polarität besitzt und diese Polarität aber auch kein zweites Mal so vorhanden ist. Denn gebe es nur eine Polarität, dann gebe es keine Entwicklung, sie wäre nicht notwendig, da man sich ja schon am Ziel befindet.

Vermutlich ist diese, durch Polarisierung vorhandene anziehende oder abstoßende Kraft die Ursache für die Formbildung. Damit können die einzelnen Teilchen sich nicht untereinander vermischen, sondern nur Wand an Wand raumlos zusammenfügen. Die Kausalität bestimmt dabei die Richtung und lässt das entstehen und bestehen, was funktioniert und überlebt. Hier kann man die Ursache unserer scheinbaren Trennung, aber auch das Bestreben nach Vereinigung erkennen.

Die Entstehung eines Kindes schafft keine Vereinigung, sondern ist nur eine Erweiterung, und ständige Erweiterung kann auch zur Umwandlung führen. Dies geschieht so bei allem, was existiert, sonst würde es nicht existieren. Damit ist aber auch alles über das Existieren gesagt.

Wie die Weisen und Religionen es bereits immer gesagt haben, nur wurde es zum größten Teil falsch gedeutet. Das Leben ist ewig, das Himmelreich immer da, die Auferstehung in jedem Moment und der Tod nicht vorhanden, also schon immer besiegt, weil alles doch eins ist.

Die Geschwindigkeit der Dinge, über Schnell und Langsam

Grob gesagt, ist die Geschwindigkeit die Zeitdauer für eine Handlung. Nur ist alles eine Art Handlung. Es geht nichts ohne Handlung. Selbst wenn das Ding wie regungslos aussieht, bewegen sich in dem Ding die atomaren Teilchen, aus denen es besteht. Die ständige Bewegung der Teilchen, wird durch die vorhandenen Energien erzeugt. Diese Energien bestimmen wiederum die Eigenschaften der Teilchen und letztlich des Dinges, welches wir betrachten.

Warum das so ist, ist auch gleichzeitig die Frage nach dem „Warum es das alles gibt". Die Antwort ist: weil es sonst das alles nicht gäbe. Es existiert, um zu existieren.

Warum dem oder der Suchenden diese Antwort nicht genügt, liegt daran, dass er oder sie noch nicht am Ziel der Erkenntnis ist. Der oder die Suchende, dem oder der diese Antwort als lächerlich erscheint, hat noch einen weiten Weg vor sich. Dass der oder die Suchende so denkt, ist menschlich und für mich nachvollziehbar.

Die Wahrheit über die Dinge hat keinen Zauber und macht es mir darum auch schwer, diesem Buch einen zu geben.

Doch kommen wir zu Schnell und Langsam, welches es beides nicht gibt, ist doch jede Handlung komplex und vom Umfeld nicht losgelöst. Im Gegenteil, sie bewegt das ganze Universum. Was die Zen-Buddhisten schon immer durch Meditation erfuhren, wird hier bestätigt. Schnelles Handeln bindet mehr und langsames Handeln weniger Energien.

Stellen wir uns vor, in einem Baukasten befinden sich gleich viele rote (Energie) und weiße (Teilchen) Bausteine. Egal, wie ich die Steine auch verteile, die Anzahl bleibt immer gleich. Damit bilden Schnell und Langsam in der Summe immer nur eine, wenn man es so will, keine Geschwindigkeit. Damit ist der Urknall aus meiner Sicht immerwährend und hat weder Anfang noch Ende.

Die Aussage aller Weisheitslehrer und des Zen-Buddhismus ist, dass es keine Zeit und es damit nur den gegenwärtigen Moment gibt. Begründen tun diese es damit, dass Vergangenheit im Gedächtnis existiert und die Zukunft ein Traum ist, der sich aus Erinnerungen und Gegenwart ein Fantasiegebilde zusammensetzt. Dies alles besagt, dass der Moment die Summe aller Zeit, also gleich null, ist.

Das ist nicht falsch, aber auch nicht richtig. Nun gibt es leider im Universum auch kein Falsch und Richtig, nur ein „Es ist, wie es ist".

Selbst die Zeit bewegt sich nur scheinbar linear, denn die Entwicklungsrichtung ist hier wie bei allem auch kreisförmig und spiralenartig. Was ich damit sagen möchte, ist, dass Zeit als Grundlage Energien benötigt, weil Zeit nur die Dauer einer Formveränderung ist.

Es ist also eine sich verändernde Form notwendig. Darum wird beim Fotografieren auch nur ein Moment und beim Filmen mehrere Momente hintereinander erfasst und dargestellt. Ein Verschieben ist nicht möglich, da diese Momente auch raumlos miteinander verbunden sind. Verschiebe ich einen Moment, ändere ich alles auf einen Schlag. Ich möchte dies anhand der Funktionsweise unseres Organismus erläutern. Das Auge erfasst die einzelnen Momente und das Gehirn setzt sie zu einem Bild oder Film zusammen.

Die immerwährende kausale Bewegung der Energien erzeugt die Formänderungen und damit auch gleichzeitig die Zeit. Damit bestätigt sich für mich meine Vermutung, dass die kleinste Zeiteinheit die Dauer einer Handlung ist, welche eine Energieform benötigt, um mit einem anderen den Platz zu tauschen.

Auch bestätigt es mir, dass die Menge an Zeit, so wie es bei Energien der Fall ist, innerhalb eines Raumes gleich ist. Die Energien bilden das Universum und die Zeit ist die Dauer, welche das Universum für seine Veränderungen benötigt.

Ohne Energie gibt es kein Universum. Vergleichbar ist dies mit einem Auto ohne Treibstoff. Ohne den Bestandteil Treibstoff funktioniert das Auto nicht und dieses erfüllt damit dann auch nicht seinen Zweck. Einfach gesagt: Ohne Treibstoff kein Auto und umgekehrt: Ist kein Auto vorhanden, wird auch kein Treibstoff benötigt.

Da aber alles in Bewegung ist, gibt es auch die Zeit. Vergangenheit und Zukunft haben mit der Zeit selbst nur insofern zu tun, als dass sie uns die Existenz von ihr erkennen lassen.

Die gespeicherten Momente sind der Beweis, dass es Zeit gibt. Selbst in unserem Gehirn sind die Momente in Bewegung. Nur ist hier eine Zeitmessung sehr schwierig, denn die Geschwindigkeit, mit der die Momente dargestellt werden, ist im Gedächtnis aufgrund der bereits gehirngerecht hergestellten Informationen, sehr viel schneller als beim Abspielen eines Filmes, denn es wird weniger Energie benötigt.

Ob etwas schnell oder langsam ist, kann nur mittels Kriterien, also Maßeinheiten, festgelegt werden. Die Zeitmessung, wie wir Menschen sie festgelegt haben, ist so ein wichtiges Kriterium.

Schnell und Langsam sind wie Groß und Klein, Laut und Leise, Schön und Hässlich usw. Denkwerkzeuge, die wir uns geschaffen haben, um Dinge hinsichtlich ihrer Nutzbarkeit oder Gefahren zu beurteilen.

Dabei handelt es sich aber nicht um die Gegensätzlichkeit, wie man sie von der Polarisierung her kennt. Die polarisierende Gegensätzlichkeit ist für das Vorhandensein der Energie verantwortlich und ist im Gegensatz zu den Gegensätzlichkeiten wie Schnell und Langsam auch tatsächlich vorhanden.

Schnell und Langsam gibt es nur im menschlichen Denken, und sie haben dort auch ihre Notwendigkeit. Damit ist auch hier die buddhistische Antwort: „Es gibt sie und es gibt sie auch nicht."

Bewegung und Stillstand

Wer schon einige der Kapitel des Buches gelesen hat, weiß bereits, dass es keinen Stillstand geben kann, denn nur durch Bewegung existiert das alles hier.

Bewegung entsteht durch Energien und diese entsteht durch die Polarisierungen. Es ist zwar alles gleichzeitig vorhanden, benötigt aber eine Art Dauer für den Platztausch, welche wir Zeit nennen.

Damit ist die Komponente Zeit den Energien und Teilchen gleichwertig und ein wichtiger Bestandteil des Universums.

Dieses ist vergleichbar mit allen kausalen Dreier-komponenten, welche sich gegenseitig beeinflussen und den Formen ihre Gestalt geben. Je besser sich die drei Elemente im Einklang befinden, desto länger hat die Form Bestand.

Dafür gibt es viele Beispiele. Bei den Religionen ist es der sogenannte Vater oder Gott, der Sohn oder Prophet und der Heilige Geist oder die Erleuchtung. Würde nur der Vater, also Gott, existieren, hätte niemand Kenntnis von ihm und auch der Heilige Geist wäre unbekannt. Es braucht den Propheten, damit Kenntnis erlangt wird und man zur Erleuchtung kommt.

Nun sieht es so aus, als ob Erleuchtung oder der Heilige Geist ein Produkt von Gott und Prophet wäre, aber dem ist nicht so. Der Geist bei den Religionen oder die Erleuchtung, besser gesagt die absolute Wahrheit der Dinge, sind es, welche über oder hinter allem, ähnlich wie eine Matrix, liegen.

Für Materialisten erklärt sich das Funktionieren des kausalen Dreiecks am besten anhand des Herstellens eines Werkstückes.

Hier bilden das Material, das Werkzeug und der Handwerker die drei kausal abhängigen Komponenten. Fehlt nur eine Komponente, entsteht kein Produkt.

Bei der Bewegung, welche Energie, Teilchen und Raum bedarf, ist es nach wie vor genauso. Für Bewegung müssen mindestens drei Komponenten zur Verfügung stehen. Erstens das, was sich bewegt, dann Zeit und Distanz, also Raum.

Und noch ein letztes Beispiel für die drei kausalen Komponenten ist das Feuer. Es braucht einen entzündbaren Stoff, eine dem entsprechende Zündtemperatur und Sauerstoff.

Auch gilt bei allem, dass die Summe der Dinge in einem begrenzten Raum und Zeitfenster immer gleich ist. Das gilt vorwiegend für Energien, Teilchen und Bewegungen.

Bildlich möchte ich diese Erhaltungssätze wieder mit einem Baukasten vergleichen. Aus den Teilen kann man verschiedene Formen herstellen, die Summe aller Bauteile im Kasten bleibt aber immer die gleiche.

Der Vergleich trifft es zwar nur grob gesehen, erklärt es aber so am einfachsten.

Die Anwendung von Vergleichen und Gleichnissen ist übrigens eine alte Art, Wissen zu vermitteln, und sie dient als eine Art Dolmetscher.

Wie alle Formen, ist auch die virtuelle Form des Gleichnisses, durch einen kausalen Entwicklungsprozess entstanden und.

Entwicklungsprozesse wie auch Veränderungen sind Bewegungen. Bewegung ist immer gleichzeitig Veränderung, umgekehrt ist es genauso. Wenn man es so will, ist beides eins.

Beispielsweise sind emotionale Reaktionen wie Lachen und Weinen sowie biologische wie Wachsen und Sterben Bewegungen. So betrachtet, gibt es auch keinen Unterschied zwischen Arbeiten und Ausruhen.

Es ist eben unsere menschliche Betrachtungsweise der Dinge, welche die Sachen anders beurteilt. Aber für diese Betrachtungsweise können wir auch nicht, denn sie gehört nun mal zu den kausalen Notwendigkeiten.

Der Genuss des Augenblicks

Der Wortlaut der Überschrift zu diesem Kapitel, begegnete mir bereits auf vielen Kalenderblättern. Aber ausschlaggebend für das nähere Eingehen auf dieses Thema war dann doch der Moment, als ich ihn in einer kleinen Pension an der Mosel unter einem Spiegel las.

Viele Weisheitslehrer haben dieses Thema behandelt und der Sinn ist vielen bekannt. Die kleinste Form des Augenblicks ist, wenn ein Teilchen mit einem anderen aufgrund der vorhandenen Energie den Platz tauscht.

Warum aber kommt es dazu? Die Frage ist die Frage nach dem Göttlichen, und darum wird der eine oder andere die hier gebrachten Erkenntnisse nicht anerkennen, was übrigens menschlich ist.

Jedes Teilchen besitzt seine eigene Polarisierung und diese geht vom absolut Negativen bis zum absolut Positiven. Dies sind vermutlich auch die einzigen Eigenschaften. Teilchen sind somit ein polarisiertes Etwas, das durch diese Polarisierung seine räumliche Ausdehnung erzeugt. Diese Polarisierung verursacht ein magnetisches Verhalten, welches die kausale Richtung bestimmt.

Bei der vorherigen Auflage des Buches war ich noch der Meinung, dass die Polarisierung der Teilchen die Energien erzeugt. Da aber die Teilchen selbst aus Energie bestehen, sind die Energien somit bereits vorhanden. Da aber die Teilchen aus unterschiedlichen Energien zusammen-gesetzt sind und dadurch auch unterschiedlich starke Polarisierung besitzen, erzeugen sie Bewegung und bestimmen auch deren Energiestärke.

Damit ist auch erklärt, woher und warum unterschiedlich starke Energien vorhanden sind und diese auch nicht verschwinden, sondern sich nur durch Polarisierung und Stärke in andere umwandeln können.

Die Stärke der Energien wird somit durch die Teilchen beeinflusst. Da aber die Teilchen Energie sind, gilt: Ohne Teilchen keine Energie und umgekehrt: Ohne Energie gibt es auch keine Teilchen, denn letztlich sind beide eins.

Dies ist übrigens auch die erste kausale Auswahl.

Damit ist klar, dass sich in jedem Augenblick, auch Moment genannt, das ganze Universum zeitgleich verändert. Ein Augenblick birgt somit das ganze Universum.

Buddhisten und Yogis wissen das, und haben dies mental durch entsprechende Übungen und durch Wissens-weitergabe der Meister erfahren. Wer es also schafft, im Moment zu sein, befindet sich im Einklang mit dem Universum. Wer dies grundhaft versteht, erfährt den Genuss automatisch. Viele kennen dies unter dem Begriff Erleuchtung, aber auch unter dem Begriff Friede Gottes.

Vom Unterschied der Formen über den Weg bis zum Ziel der Erkenntnis

Im Allgemeinen unterscheiden wir Menschen die Dinge auf der Grundlage ihrer Eigenschaften. Die kausale Ursache, warum wir unterscheiden und vergleichen, kommt aus dem Antrieb, zu überleben, sich zu vermehren und weiterzuentwickeln.

Die grundlegenden Fragen dabei sind: Geht von dem Ding oder der Situation eine Gefahr aus, um welche Gefahr handelt es sich und wie kann ich die Gefahr abwehren? Bestimmt gibt es hier noch weitere Fragen, welche die

Situation beurteilen, nur kommen diese vom Ego-Bewusstsein.

Die Kriterien zur Entscheidung sind abhängig vom jeweiligen Entwicklungs- und Informationsstand des vorhandenen Gehirns bzw. Nervensystems.

Es bedarf also einer Konstruktion aus Datenaufnahme, -weiterleitung und -speicherung sowie eines entsprechenden körperlichen Umfelds zur Energieversorgung. Die mir bekannte kleinste Konstruktion ist die Zelle, bin aber der Meinung, dass es noch kleiner geht. Die größte mir bekannte ist das Universum.

Grundprogrammierungen sind die wichtigsten Voraussetzungen, denn sie sind der Antrieb für alles.

Bei Menschen zum Beispiel beeinflussen krankheitsbedingt, eingeschränkte und auch durch ein schwieriges Umfeld konditionierte Denkarten, sehr stark den Entwicklungsprozess.

Dass es damit den einen oder anderen Menschen trifft, hat nichts mit ihm zu tun, sondern unterliegt seiner Grundprogrammierung und seinem daraus entstandenen kausalen Entwicklungsprozess.

Diese Grundprogrammierungen und der daraus folgende Entwicklungsprozess sind es auch, die körperlich und geistig jede Form zu dem entstehen lassen, die sie jetzt ist.

Bezieht man diese Betrachtung auf den menschlichen Entwicklungsprozess, dann gehören auch Lebensbetrachtungen und Erkenntnisse dazu. Deshalb werden einige den Inhalt des Buches auch als absoluten Unsinn bewerten.

Natürlich sind selbst die in diesem Buch genannten Erkenntnisse nicht das Ende der sogenannten Fahnenstange der Erkenntnisentwicklung. Es wird viele

Leserinnen oder Leser geben, die den hier genannten Überlegungen und Erkenntnissen ihre Bausteine hinzufügen und sie sogar korrigieren können. Und das ist auch der Sinn dieses Buches.

Hier entstehen auf der Grundlage von bereits vorhandenen Erkenntnissen, mittels eines entsprechend programmierten Gehirns, neue und eventuell andere Erkenntnisse, welche dann wiederum der Gemeinschaft-allem-Denkenden als Bausteine zur Verfügung stehen, um das allgemeine Bewusstsein aller Dinge zu entwickeln.

Übrigens gilt auch hier, dass alle Informationen im Universum bereits vorhanden sind. Nur müssen diese mit dem entsprechenden Schlüssel aufgeschlossen werden. Die jeweilige Entwicklungsstufe unseres Gehirns ist einer der Schlüssel.

Der Mythos, dass der Mensch das einzig Denkende sei, mag einzeln und aus dem Ego-Bewusstsein betrachtet richtig erscheinen, trifft aber nicht die Wahrheit.

Nervensysteme und Gehirne übertragen und verarbeiten Daten. Tiere, Pflanzen und sogar Mineralien tun dies. Genau genommen sind alle Dinge untrennbar miteinander verbunden. Letztlich funktioniert so das gesamte Universum.

Das bedeutet für mich, dass es ohne das Eine kein Ganzes und ohne Ganzes kein Eines gibt.

Mancher wird sich fragen: Kann man die einzelnen Bewusstseinsebenen der einzelnen Dinge überhaupt erkennen? Man ist doch selbst nur ein Bewusstsein, das die Dinge aus seiner Bewusstseinsebene betrachtet.

Berücksichtigt man bei der Betrachtung des zuvor genannten Modells vom Ganzen und vom Einen, kann man die Bewusstseinsebenen erahnen.

Dieses Erahnen ist übrigens der Vorteil eines analogen Denksystems. Man kann es nicht auf den Punkt genau bestimmen, man kann sich nur annähern und ein verschwommenes, aber schon in seinen Grundformen dargestelltes Bild erkennen.

Die Lehrer und Lehren dieser Welt gehen davon aus, dass das wahrnehmende Bewusstsein die Grundlage, genauer gesagt, das unmittelbar dem Ursprung aller Dinge am nächsten Liegende ist. Der Ursprung aller Dinge ist dabei nicht etwas Separates, sondern das große Ganze, besser gesagt: Alles zusammen ist ein Geist, eine Substanz oder auch Matrix genannt. Die Taoisten nennen es das Tao, die Religiösen den jeweiligen Gott. Dass die Gläubigen ihrem Gott eine Art Persönlichkeit anhaften, ist, wenn es richtig verstanden wird, nicht falsch und sogar ein gutes Hilfsmittel. Nur leider wird es missbraucht und für Machtzwecke benutzt. Nicht umsonst sind bei vielen Religionen göttliche Bildnisse verboten.

Um die Sache auf den Punkt zu bringen, stelle ich folgende Frage: Kann man den Geruch von Rosen mahlen, ohne eine Rose zu malen?

Eine eventuelle bildhafte Darstellung wird vermutlich nur dem Maler selbst zuteil, alle anderen können nur am Bildtitel erkennen, was es darstellen soll.

Ja, hier begeben wir uns in den Bewusstseinsbereich der sogenannten Erleuchteten, Realisierten und der auf eine sehr hohe Erkenntnisebene gelangten Meister. Romantischer würde es klingen: Wir gehen ins Reich des Nirwana. Wer hier weiß, genauer gesagt, erahnt, um welches Ding oder Nichtding es sich handelt, welches der Weise als Bewusstsein bezeichnet, kann sich vermutlich getrost zu den Meistern gesellen.

Diese Erkenntnis stößt an die Grenzen unseres Denkvermögens. Es ist also vorwiegend der Entwicklungsstand unseres Gehirns geschuldet, der uns hier die Grenzen setzt.

Durchaus kann es Wesen geben, die da schon weiter sind, und wenn die Kausalität es zulässt, werden wir als Menschen auch in derartige Regionen vordringen. Wie zuvor erwähnt: Das Weltall ist nicht nur da draußen.

Noch etwas zum Bewusstsein

Alle Dinge haben dieses, nennen wir es Grundbewusstsein. Es ist, wie zuvor erwähnt, der Stoff, der alles ist und aus dem alles ist. Der Ausdruck „durchdringt" würde hier nur eine Trennung vermuten und trifft nicht den wahren Kern der Aussage. Der im üblichen Jargon benutzte Begriff der Bewusstseinsebene bezeichnet eher den Bewusstseinserkenntnisstand der Dinge.

Als Bewusstseinserkenntnisstand ist hier eine Art Wissensstand gemeint. Bestimmte Übungen können zwar dabei hilfreich sein, führen aber ohne entsprechendes Wissen nicht zur Erkenntnis. Plötzlicher Verlust des Ich-Gefühls durch Veränderung oder Überlastung des Gehirns, kann zwar eine Art andere Wahrnehmung verursachen, führt aber noch nicht zur Erkenntnis. Ähnlich wie bei einer

Depression, sieht man hier dann erst einmal die Welt mit anderen Augen, nur kann man sie aber aufgrund des fehlenden Wissens nicht beurteilen. Meistens verflüchtigt sich der Zustand rasch, wenn derjenige sein Wissen hier nicht erweitert.

Der Prozess der Erkenntnis besteht in der Hauptsache darin, dass der Erkennende die Funktionsweise des Universums versteht und damit erfährt, was er und das alles hier ist.

Hier nochmal kurz die Beschreibung. Die einzelnen Formen werden über Sensoren, wie Auge, Ohren und Gefühl erfasst, vom Gehirn dargestellt, verarbeitet und gespeichert. Dies alles nennt man Bewusstsein. Und dieser kausale Prozess führt zur Entwicklung eines Erkenntnisstadiums, also einer Bewusstseinsebene.

Da es keine Trennung zwischen Bewusstsein und den Dingen bzw. Formen gibt, gibt es nur Erkennen oder Nichterkennen.

Die Erkenntnisstadien sind bei Mineralien, Pflanzen und Tieren andere als beim Menschen.

Die durch Training und Drogen erzeugten Zustände haben übrigens mit Bewusstseinserweiterung nichts zu tun. Sie können aber wie eine Art Doping zum Erkennen beitragen.

Hier noch etwas zu Risiken und Nebenwirkungen, welche es dabei unbedingt zu beachten gilt. Wer den Prozess der Erkenntnis künstlich beschleunigt, ohne den mentalen Prozess der Informationsverarbeitung anzupassen, kann leicht in ein psychisches Desaster geraten, welches dann nur und wenn überhaupt, mit professioneller Hilfe gerichtet werden kann!

Die Erkenntnis ist wie ein Werkstück eine Art Endprodukt, alles andere sind nur die Werkzeuge. Im Buddhismus werden die Lehren und Methoden, die zur Erkenntnisfindung beitragen, treffend mit dem Ausdruck, „Fahrzeug" benannt.

Es gibt die Geschichte von dem Floß, das man benötigt, um einen Fluss zu überqueren. Hat man den Fluss überquert, braucht man das Floß nicht mehr, und so ist es auch nach Fertigstellung eines Werkstückes. Es ist kein Werkzeug mehr notwendig.

Dass dies nicht ganz eins zu eins übernommen werden kann, liegt daran, dass es sich bei der Erkenntnis auch nur um eine virtuelle Form (Denken) handelt. Dies unterliegt auch, wie jede andere Form, dem Zerfall, denn sie steht unter anderem in Abhängigkeit zur materiellen Form (Mensch), die sie erzeugt.

Aufgrund des Zerfallsprozesses, auch Alterungsprozess genannt, lässt sich oft die Erkenntnis nur durch ständiges Wiederholen und Lernen (Erfahrungen sammeln) erhalten.

Eine Erkenntnis aus dem allen hier ist, dass es zwar auf der Ebene der Formen, also der Ego-Ebene, eine unendliche Vielzahl gibt, genauer gesagt kausal bedingt, geben muss, aber auf der Erkenntnisebene alles nur eine Form ist.

Hier nochmal, zusammenfassend. Dass es unendlich viele Formen gibt, liegt an der kausalen Entwicklung und Wandlung der Dinge, die auf der grundlegenden Über-lebensnotwendigkeit des Gesamten basiert. Denn ohne Wandlung und Entwicklung, kein Überleben und ohne Überleben kein Existieren.

Der Grund also, warum alles existiert, ist somit die Existenz selbst. Wer dies noch nicht realisiert hat, wird wohl im „Fahrzeug des Erkennens" noch ein paar Runden drehen müssen. Vermutlich ist kausal bedingt hier noch nicht seine Haltestelle.

Leider fahren viele ihr ganzes Leben herum, was nicht bedeutet, dass so ein Leben sinnlos ist, denn der Sinn des Lebens ist nun mal das Leben selbst. Wer den tieferen Sinn dieses Ausspruchs erfasst, kann dann auch das Fahrzeug verlassen und sich am Anblick der Blumen und Schmetterlinge am Wegesrand erfreuen.

Die Künste des Menschen

Kunst ist Kreativität, die von jeder Form erschaffen werden kann oder durch deren Existenz dazu beiträgt. Vermutlich besitzt nur das menschliche Gehirn die Möglichkeit, eine Form, als Kunstwerk zu bezeichnen und zu bewerten. Wobei aber Kunstformen bei anderen Formen auch ähnliche Reaktionen wie beim Menschen auslösen können.

Generell sind die meisten Formen kausal gezwungen, alle Sachen zu beurteilen und ihnen einen Wert zu geben. Denn nur so kann eingeschätzt werden, ob von diesem Ding oder dieser Sache eine Gefahr ausgeht, denn die Gefahr geht immer einher mit Vernichtung.

Mit dem Erkennen und der Bewertung sowie der emotionalen Einordnung speichert das Gehirn die Situation und kann in Zukunft ähnliche Situationen beurteilen.

Wie erwähnt, speichert das Gehirn dies nicht nur allein auf der Wissensebene, sondern auch auf der emotionalen.

Nur funktioniert der emotionale Speicherprozess etwas anders, als beim Speichern von Wissen.

Das Gehirn merkt sich bei emotionalen Informationen, mit welchen Nerven es die jeweilige Drüse ansteuern muss, um entsprechende Hormone und andere Botenstoffe auszusenden, die dann wiederum, auch mit Benutzung des Gehirns, das jeweilige Gefühl erzeugen.

Bei der Erfassung von Kunst ist der Mechanismus, der gleiche, nur geht es hier um das Gefühl für eine sichere Umgebung, welches für die Erholung und Regeneration unbedingt notwendig ist. Dieses Herstellen des Gefühls eines sicheren Umfelds erzeugt ein wohltuendes Gefühl. Dieses Gefühl erzeugen auch bestimmte Gegenstände, Bilder und andere künstlerische Formen.

Die Herstellung des Gefühls für ein sicheres Umfeld, kann man übrigens auch bei Tieren beobachten, bevor sich diese an einem geeigneten Platz, zum Ausruhen niederlassen.

Da höre ich schon den Einwurf der Künstler, dass in der Kunst auch Hässlichkeit, Gefahr und Vernichtung dargestellt werden. Aber auch diese Dinge dienen der Erzeugung des Gefühls eines sicheren Umfelds. Hier wird das Pferd nur von hinten aufgezäumt.

Diese, sagen wir, unerfreulichen Dinge lassen das Gehirn, aufgrund des dauerhaften oder übermäßigen Empfanges von Gefahr, über den zuvor genannten Mechanismus, Unmengen von Adrenalin und anderen Stoffen ausschütten. Die Übersättigung bewirkt, dass nach der Beendigung des negativen Gefühls, eine Unmenge an Glücksgefühlen oder beruhigenden Gefühlen zur Gegensteuerung entsteht, welche wiederum dem sicheren Umfeld zugutekommt.

Dies betrifft auch sexuelle Handlungen jeglicher Art, hier ist es nur umgekehrt. Beim Sex werden übermäßig viele Lustgefühle erzeugt, die eine Art Überreizung verursachen, welche muskuläre Reaktionen und auch starke Glücks- und Entspannungsgefühle auslöst. Die Übermächtigkeit dieser Gefühle ist kausal bedingt so angelegt, damit Vermehrung, Erhaltung und Entwicklung der Art gewährleistet sind.

Aus meiner Sicht ist das Handeln unter extremer Lust, gleichzusetzen mit dem Handeln unter Drogen. Leider hat dieses ständige Suchen nach einem sicheren und geborgenen Ort sowie übermäßigen Glücksgefühlen auch eine negative Seite.

Das Bedürfnis nach diesen guten und sicheren Gefühlen ist so stark angelegt, dass es auch jegliche Art von Sucht erzeugt. Der permanente Lernprozess des Gehirns hat durch die Suche herausgefunden und erkannt, dass es auch mithilfe von chemischen Mitteln und durch Übertreiben von bestimmten Aktionen diese Gefühle bekommen kann. Dabei kann es dazu führen, dass die dahinterliegende Gefahr als zweitrangig eingestuft, verdrängt und die Sache so stark übertrieben wird, dass dies dann nicht zum Erhalt, sondern eher zur Vernichtung führt. Übrigens: Die Sucht kann jegliche Handlungen legitimieren, auch Handlungen, die der Gemeinschaft schaden, sodass diese um der Selbsterhaltung willen geeignete Maßnahmen einleitet.

Aus alledem erkenne ich, dass auch die Kunst ein kausaler Prozess ist, der zur Erhaltung, Vermehrung und Entwicklung der Formen dient. Er ist nicht willkürlich entstanden, sondern durch ein nicht willentlich erzeugtes, kausales Auswahlverfahren.

Für die Leserinnen oder Leser, dieses Buches, die die Absicht haben, dadurch Erkenntnis zu erlangen, möchte ich bezüglich der Kunst, noch ein paar wichtige, in diese Richtung gehende, Hinweise geben.

Die Kunst unterstützt zwar sehr stark das menschliche Ego-System, hilft aber andererseits auch, die anderen Bewusstseinsebenen verstärkt wahrzunehmen. Sie hat generell verstärkende Eigenschaften. Sie wirkt auf den Betrachter in der Bewusstseinsebene, in der sie geschaffen wurde. Verstärkend wirkt sie aber nur bei denen, die sich auf derselben Bewusstseinsebene befinden. Für andere Betrachter kann dies sogar das Gegenteil bewirken. Deshalb wird auch um das Thema „Was ist Kunst und was nicht?" gestritten.

Doch wer hier streitet, befindet sich auf der Ego-Ebene, denn die Antwort ist klar. Kunst dient dem Schaffen eines Gefühls für ein sicheres Umfeld, und dies dient der Erhaltung, Vermehrung und Entwicklung der Formen. Der Künstler und der Kunstbetrachter haben keine Wahl, es führt sie kausal zusammen.

Und weil die Kreativität für den Überlebenskampf notwendig ist, ist sie auch eine der stärksten Eigenschaften. Nur der, auch am kreativsten ist, hat die besten Voraussetzungen, um im Wettbewerb der Formen vorn zu liegen, zu überleben und sich besser zu vermehren. Der Künstler und der Betrachter holen sich gegenseitig Inspirationen. Dort, wo diese Bewegung in Resonanz verfällt, entsteht Applaus und Lob vom Betrachter, und dies gibt dem Künstler wiederum Energie, zu weiterer Kreativität.

Die Weiterentwicklung liegt dabei nicht immer nur auf derselben Ebene, sondern bringt den Menschen in eine Art zukünftiges Betrachten der Welt und schafft auch wiederum neue Kunstbereiche und Formen.

Dass der Mensch dabei die Namen der Künstler verewigt, ist auch evolutionär verursacht und lässt die Entstehung und Wirkungsweise des Egos erklären.

Wobei das Ego kein Ding ist, sondern eine Bewusstseinsebene, man könnte es auch Weltanschauung nennen. Das Ego ist notwendig, um die Menschen zu schützen, und dient der Arterhaltung und Fortpflanzung.

Die Familie, die ja eine Bezeichnung, also einen Namen hat, muss sich erhalten. Frauen und Männer suchen zum Überleben, die am besten geeigneten Partner. Leider sind die Eigenschaften der Partner nun mal nicht alle offensichtlich, und so orientiert man sich auch nach dem Ruf des Partners, welcher ja in Verbindung mit dem Namen der Herkunftsgemeinschaft steht.

Man hatte sozusagen vom Namen, der Familie, dem Volk, der Rasse, dem Beruf usw. gehört und eventuell auch schon positive oder negative Bekanntschaften gemacht.

Der Künstler wird, ob er es will oder nicht, immer mit dem Kunstwerk in Verbindung gebracht. Da fast alle Künstler auf der Ego-Ebene arbeiten, können sie dem inneren Zwang, dem Kunstwerk ihren Namen aufzudrücken, nicht widerstehen.

Es erweckt den Eindruck, als ob der Künstler hier eine Wahl gehabt hätte, doch dem ist nur scheinbar so. Was hier erklärt wird, ist einer von vielen kausalen Mechanismen.

Der Künstler, der die Entscheidung trifft, seinen Namen nicht zu geben, tut das aus demselben Grund wie der, der seinen Namen gibt. Der kausale Weg ist nur ein anderer.

Es ist also, keine Zauberei in den Dingen, denn nach wie vor ist der Sinn von allem dessen Existenz, wobei es nur kausale Entwicklungen gibt und keine willentlichen Entscheidungen stattfinden, was wiederum kausal so bedingt ist.

Die Einzigartigkeit der Dinge

Jeder Mensch weiß, dass Kopien dem Original gleichen und etwas Eigenständiges sind. Doch der Wunsch nach dem Wiederherstellen des Verlorenen oder Vergangenen liegt tief in uns drin.

In der Filmkunst wird dieses Thema des Kopierens und Wiederherstellens des Verlorengegangenen in Form des Klonens oft aufgegriffen. Besonders interessant wird es, wenn es als lebensverlängernd eingesetzt wird.

Es gibt nichts Besseres, als dieses Thema zu benutzen, um die wahre Identität unserer Persönlichkeit zu beschreiben. Wer hier die Sache bis zum Ende verfolgt, wird erkennen, dass es kein grundlegendes Ich gibt. Denn selbst eine haargenaue Kopie unserer Persönlichkeit, einschließlich der Programmierung, würde nur ein zweites Wesen mit einer völlig anderen Persönlichkeit erzeugen. Begründet tut dies bereits die Teilchenphysik.

Zum besseren Verständnis möchte ich es mal mit folgendem Modell bildhaft erläutern. Um eine Kopie herzustellen, benötigt man außer dem Original und Werkzeug entsprechendes Material. Ja, separates Material ist notwendig, um die Kopie herzustellen. Selbst wenn man es dem Original entnehmen würde, ist dies trotzdem

Material, aus welchem man einen anderen Organismus, ein zweites vom Original getrenntes Ding, herstellt.

Es ist eben wie bei einem Bausteinkasten, den jeder aus seiner Kindheit kennt. Neue Formen können nur aus den Teilen erschaffen werden, die im Baukasten vorhanden sind.

„Es gibt doch viele gleiche Teile im Baukasten", werden Leserinnen und Leser einwenden, und bei oberflächlicher Sichtweise mag dies so aussehen. Betrachtet man aber die Welt genauer, erkennt man, dass kein Ding wie das andere ist. Wenn dies im Großen so ist, wird es wohl im Kleinen nicht anders sein. Diese einfache Feststellung klingt sehr hypothetisch. Deshalb möchte ich hier doch noch etwas tiefer schürfen.

Die Ausdrücke „Gleiches und Identisches" dienen dem Menschen, um eine Situation zu beurteilen und somit seinem Selbstschutz. Zwei Dinge sind immer zwei Dinge. Sie sind wie die Ufer eines Flusses, nur ohne Fluss. Selbst die kleinsten Teilchen sind unterschiedlich, denn die Unterschiedlichkeit macht die Trennung. Diese Trennung ist kausal bedingt für die Entwicklung notwendig und zeigt uns, dass nicht erst im Großen Sichtbaren, sondern schon hier im Ursprünglichen die Trennung vorhanden ist.

Gehen wir also mal davon aus, dass wir einen Menschen kopieren könnten, dann würden wir Bestandteile materieller und ideeller Natur benötigen.

Die materiellen Bestandteile bestehen aus den Elementen wie Feuer, Wasser, Erde und Luft. Die stoffliche Zusammensetzung der Elemente ist jedem mehr oder weniger bekannt. Sie beeinflussen die ideellen Bestandteile und umgedreht tun es die ideellen auch bei den stofflichen.

Diese Bestandteile sind es auch, die zum sogenannten Klonen verwendet werden. Wobei das nur eine sehr oberflächliche Betrachtung ist. Die ideellen Bestandteile sind unter anderem gespeichertes Wissen und Erfahrung sowie Konditionierung. Diese Bestandteile sind zum größten Teil nicht im Körperlichen gespeichert und entstehen erst mit der körperlichen Entwicklung. Das bedeutet, sie benötigen einen materiellen, menschlich funktionierenden Körper.

Es gibt eine Theorie, in welcher Reihenfolge die Elemente einschließlich der idealistischen Komponente im Lebewesen erscheinen und wieder gehen. Sie geht davon aus, dass zuerst die Erde, dann Wasser, danach Feuer, schließlich die Luft und zum Schluss die ideelle Komponente erscheint und in umgedrehter Reihenfolge diese Komponenten wieder gehen.

Dies ist für mich keine Theorie, sondern die Realität, denn nur so kann es funktionieren.

Die Religionen und viele esoterische Lehren gehen davon aus, dass zuerst eine geistige Komponente da ist und dann erst die Materiellen dazukommen. Dies widerspricht aber nicht nur der Kausalität der Entwicklung, sondern der eigenen Schöpfungslehre, denn diese besagt, dass Gott erst aus Erde eine Form schaffte und dann Leben einhauchte. Leben ohne Materie ist kein Leben, es ist Nichts.

Die Theorie mit der immer vorhandenen, all-umfassenden ideellen Form, welche dann jede Form erschafft, birgt leider bei menschlicher Betrachtung automatisch einen personifizierten Gott, der alles regelt.

Doch dass dies nur nach Funktionieren und Abläufen überhaupt möglich ist, habe ich bereits in dem vorherigen Kapitel dargestellt. Im Übrigen kann jeder bei der Beobachtung und dem Umgang mit den Dingen sich selbst davon ein Bild machen.

Nur mit entsprechend vorhandener Hardware ist ein Softwareaufbau möglich. Genau wie die Hardware (Körper) besteht unsere Software (Geist) aus vielen einzelnen Komponenten. Selbst eine Kernkomponente wie ein ICH muss aus mehreren Elementen bestehen.

Dieses ICH kann nur zusammen mit dem Körper und auf dessen Grundlage existieren. Es ist aber kein homogenes Ding, sondern nur ein wahrnehmendes Gefühl.

Es existiert weder vor noch nach dem Körper. Was aber vor und nachdem Körper existiert, sind die Energien, aus denen es besteht. Es kann sein, dass wir während unseres Lebens eine energetische Struktur erzeugen, welche andere Lebewesen übernehmen. Jesus sagte dazu ähnlich: „Wo sich mehrere in meinem Namen versammelt sind, werde ich unter ihnen sein." (Mt18,20).

Es ist aber nicht unser wahrnehmendes Ich, sondern eine Kopie. Ähnlich einer gespeicherten Stimme.

Wenn also ein Etwas dieses Lebewesen ist, dann ist es kein separates Individuum, sondern das Allesseiende in einer individuellen Form.

Die religiösen Leserinnen und Leser haben übrigens für das Allesseiende verschiedene Namen.

Es existiert somit kein separates Allesseiende, weil es alles ist. Es besitzt damit auch die Eigenschaften aller Dinge und es sagt damit automatisch zu allen Dingen „ja".

Bei diesem „Ja" geht es um nichts anderes als die alles zugrundeliegende Liebe, von welcher all die Religionen, Lehrer und Lehren sprechen. Das Allesseiende hat aber hier auch keine Wahl zwischen Ja und Nein zur Liebe, denn ohne das „Ja" zu allem gibt es auch kein Alles-Seihende und infolgedessen kein Nein.

Genau genommen, ist ein Nein auch ein Ja. Man hat einfach nur zu etwas anderem Ja gesagt. Computerprogrammierer müssten das Muster und die Bewegung erkennen. Dies ist übrigens auch die kausale Bewegungsrichtung. Es gibt kein Zurück. Selbst eine scheinbare Rückwärtsbewegung ist in ihrer grundlegenden Struktur eine Vorwärtsbewegung.

Eine Eins-zu-eins-Kopie wäre ein Standbild, also nur im absoluten Stillstand möglich, den es nicht gibt. Die Unmöglichkeit eines zweiten Selbst ist somit auch aus dieser Perspektive gut ersichtlich.

Das größte Wunder

Wunder bestätigen die Trennung des Menschen von der Realität, bewirken aber auch eine Art Zauber und lassen uns all die Dinge bestaunen.

Das Göttliche kann sich nur selbst betrachten, wenn es sich aus dem Göttlichen heraustrennt, besser gesagt, sterblich wird.

Wie man aber aus dieser Aussage entnehmen kann, ist dies leider nur durch etwas möglich, das selbst Bestandteil des Göttlichen ist, sich selbst als eigenständig fühlt und die entsprechende Ausstattung, wie Sensoren und eine Datenverarbeitung, besitzt.

Die Denkweise, welche eine Trennung wahrnimmt und dies für möglich hält, kommt aus dem Ego, dient unserem Schutz und ist notwendig für Vermehrung sowie Entwicklung. Sie ist aber auch die Ursache dafür, dass wir die Dinge oder Ereignisse als Wunder betrachten, und erzeugt die Einbildung einer Persönlichkeit.

Dabei erkennen wir nicht, dass wir selbst das größte aller Wunder sind. Es ist aber auch kein „Wunder", dass wir es nicht gleich erkennen können. Werden wir doch von Geburt an durch unser Umfeld mit einer Weltanschauung ausgestattet, welche unser Sein als selbstverständlich betrachtet.

Diese Weltanschauung hat genau genommen jedes Lebewesen. Wobei es bei den meisten eher ein grundhaftes Empfinden ist. Dieses Empfinden ist, wie bereits erwähnt, notwendig für den Eigenschutz.

In der Wildnis, aus der wir kamen und in der wir trotz scheinbarer Zivilisation, immer noch leben, hat kein Lebewesen eine Überlebenschance, wenn es dieses Eigengefühl nicht hätte. Was soll es denn verteidigen, wenn da nichts ist, was es zu verteidigen gibt.

Es ist somit eine kausale Notwendigkeit für unsere Weiterentwicklung. Unser Gehirn hat eine solche Entwicklungsstufe, welche mithilfe des Eigengefühls eine Art Selbsterkennung ermöglicht. Dadurch können wir aber auch unser Umfeld erkennen und beeinflussen.

Diese Beeinflussung findet aber kausal bedingt und nicht willentlich statt, denn alle Entscheidungen dienen nur dem Schutz und der Weiterentwicklung. Mit „kausal bedingt" meine ich die Entscheidungen, welche durch ein Ja-Nein-Verfahren und nur scheinbar von einem imaginären ICH getroffen werden.

Diese Einbildung eines existierenden ICHs setzt, wie bereits zuvor schon erklärt, eine entsprechende Entwicklung des Gehirnes und der Sinne voraus. Diese Entwicklung verursacht dann eine Art Selbstwahrnehmung. Wir erkennen unsere eigene Existenz, sehen, wie und auf welche Art wir Entscheidungen treffen, und schließen mithilfe unseres logischen Denkens daraus, dass wir etwas Eigenes sind, das wahllos willentlich Entscheidungen trifft.

Bestätigen tun wir uns das gegenseitig, weil wir Menschen, es von Beginn unserer Entwicklung an nicht anders wissen. Wir sind überzeugt, dass, wenn alle meinen, dass da ein Jemand ist, da auch tatsächlich ein Jemand ist.

Erahnt, dass es nicht so sein könnte, müssen und mussten es trotzdem einige gewusst haben und wissen. Denn nicht umsonst gibt es Religionen und Lehren, welche das Thema tabuisieren oder auch bestätigen. Das Wundern über sogenannte Wunder kommt daher, dass wir die zuvor erläuterte Wahrheit und die daraus resultierende Erkenntnis nicht wahrhaben wollen.

Dies ist es aber, was uns zum Menschen macht, denn es gibt uns den Zauber sowie auch das Entsetzen über die Dinge dieser Welt, welches uns dann wundern lässt.

Egoismus und Altruismus

Zuerst war ich der Meinung, dass der Egoismus die älteste und ursprünglichste der beiden, in der Kapitelüberschrift genannten, Formen wäre, da alles aus dem Einen kommt. Wird doch der Egoismus durch die Eigenwahrnehmung, welche ein Schutzmechanismus ist, erzeugt.

Da es sich aber um virtuelle Formen handelt, welche eine Form aus Teilchen und Energien voraussetzen, konnte diese Erklärung nicht ganz stimmen. Es sind doch beide Orientierungsformen wie jede andere Form nicht grundlos entstanden und auch nicht willentlich geschaffen, sondern aus absoluter Notwendigkeit.

Der Altruismus ist eine notwendige Form, und Bestandteil des Egoismus. Das Universum als das Eine besteht aus den Vielen, was bereits alles sagt. Jede Form benötige die andere, um sich selbst zu erhalten. Es benutzt die Bausteine des anderen, um wieder neue Formen herzustellen, und dient oft der Entstehung einer größeren und weiterentwickelten Form.

Die berühmte Frage, ob das Huhn oder das Ei zuerst da war, erklärt sich hier auch gleich mit. Da alles aus absoluter Notwendigkeit vorhanden ist, es im Umkehrschluss sonst auch nicht vorhanden wäre, war, ist und wird alles immer da und auch wichtig sein.

Der Anfang ist somit auch gleich das Ende. Die einzelnen Formen bilden alle zusammen das eine Universum und das eine Universum ist alles.

Damit erklärt sich der Zusammenhang zwischen Egoismus und Altruismus. Jede Handlung hat Auswirkungen auf das große Ganze. Doch wiederum wäre ohne das große Ganze keine Handlung möglich.

Bildhaft erläutern möchte ich es mit dem Beispiel, vom Diener und seinem Herrn. Dienen setzt grundsätzlich Dualität voraus. Der Diener dient dem Herrn, der Herr kümmert sich um den Diener, was auch ein Dienst ist. Somit sind beide voneinander abhängig, indem er den anderen unterstützt und letztlich auch schützt. Natürlich kann jeder für sich allein existieren. Doch hier betrachten wir nicht die Personen, sondern die Beziehung.

Individualität dient nicht nur als Schutz für den Einzelnen, sondern schützt in der Hauptsache die Gemeinschaft. Durch Individualität entwickelt jedes Individuum besondere individuelle Eigenschaften, die sich wiederum nur durch Unterstützung der Gemeinschaft so stark entwickeln können.

Das Individuum mit seinen speziellen Eigenschaften dient wiederum der Gemeinschaft. Die Gemeinschaft dankt es dem Individuum mit Anerkennung, welche dieses wieder anspornt, seine speziellen Eigenschaften noch mehr zu verbessern. Aufgrund der Individualität der Eigenschaften schützen diese aber nur einen speziellen Bereich.

Damit also in allen Bereichen ausreichend Schutz gewährleistet ist, benötigt man ausreichend Individuen mit unterschiedlich individuellen, Eigenschaften.

Leider liegt es in der Natur, dass nicht alles ausreichend vorhanden und somit geschützt werden kann. Dies ist aber auch letztlich nicht notwendig und das hat auch seinen Grund.

Wäre alles ausreichend, geschützt, gäbe es keine Entwicklung, alles stünde still und damit gäbe es auch kein Universum. Dies beantwortet die Frage „Warum alles so ist, wie es ist, oder überhaupt existiert".

Diese Antwort hierauf klingt so einfach, dass niemand es glauben will. Sie lautet: Es geht nicht anders, weil es sonst nicht funktioniert.

Die Energien bewegen und formen die Teilchen. Teilchen erzeugen durch ihre Polarisierung wiederum Energien. Energien und Teilchen erzeugen Formen und sind gleichzeitig deren Bestandteile. Für die Formgebung und die Eigenschaften der Formen ist die Kausalität verantwortlich. Die Eigenschaften der Formen bestimmen wiederum deren Erhalt und Wandlung.

Altruismus und Egoismus sind kausal entstandene Eigenschaften der Formen und dienen, wie alle Formen, dem Großen und Ganzen.

Suizid auf Raten

Kürzlich erfuhr ich vom Tod eines alten Bekannten. Sein Leben war viel zu kurz und von starker Sucht geprägt. In einem Buch habe ich mal die Formulierung gelesen, die sinngemäß besagt: „Es war seine einzige Möglichkeit, auf dieser Welt zu sein."

Das klingt, als hätte er keine und wir hätten eine Wahl. Dabei hat keiner eine Wahl. Hier werden mir fast alle nicht zustimmen, was für mich verständlich ist.

Wir treffen Entscheidungen und wir wählen, ob wir wollen oder nicht. In der ersten Auflage hatte ich geschrieben, dass wir handeln müssen, doch das Wort „müssen" ist nicht korrekt, besser gesagt, es irritiert, da es eine scheinbare Wahlmöglichkeit einräumt.

Einige werden der Meinung sein, dass Handeln nicht immer notwendig ist. Doch Handlung findet immer statt. Auch wenn es für uns nicht so aussieht, denn selbst nichts tun ist Handeln.

Bei jeder Handlung trifft man automatisch unzählige Entscheidungen, welche man nicht registriert. Teilweise funktionieren sie einfach automatisch. Ob dies oder jenes gewählt wird, liegt dabei nicht in unserer bewussten Hand. Damit meine ich auch Entscheidungen unseres Körpers, damit unsere Organe funktionieren und ein Überleben gesichert ist. Die nicht funktionierenden Richtungen wurden vom Leben schon geprüft. Da, wo in diese nicht funktionierenden Richtungen gegangen wurde, gab es kein Überleben.

Nun wird der eine oder andere sagen: „Aber diese Entscheidungen meinen wir doch nicht, uns geht es um die Willentlichen!"

Na gut, schauen wir uns die Sache genauer an und beginnen mit der Partnersuche. Wir wissen selbst nicht, warum wir uns in den Einen verlieben und den Anderen hassen. Das Gleiche trifft auf unsere Berufswahl zu. Ja, wir wissen, was wir wollen, eventuell können wir sogar Gründe dafür nennen, aber selbst diese sind durch Neigungen und vom Umfeld zugeführte Informationen entstanden und nicht auf unserem, sogenannten Mist, gewachsen. Es ist niemandes Verdienst, dass er dort ist, wo er jetzt ist. Wenn also jemand die Entscheidung trifft, sein Leben sofort oder auf Raten zu beenden, ist dies auch nur ein Entscheidungsprozess, so wie er bei einem Ableben durch Krankheiten oder Altersschwäche stattfindet.

Die von uns Menschen verwendete Bezeichnung der Unnatürlichkeit eines suizidalen Ablebens ist eine rein menschliche Betrachtung dieser Art des Sterbens. Dabei ist diese Art des Ablebens doch nur mit einem menschlichen Denkprozess möglich. Wenn wir es so wollen, ist unser Leben ein einziger Suizid auf Raten, denn schauen wir doch unsere Möglichkeiten der Lebensverlängerung an. Wir müssen mit all den Umwelteinflüssen leben. Egal, wo wir uns befinden, was wir essen und was wir tun. Wir können das Ende eventuell nur verzögern.

Das buddhistische Bild vom Mann, welcher am Abhang hängt, sich dabei an einer Wurzel festhält, an der eine Maus nagt, und wo dann auch noch über und unter ihm Tiger lauern, welche ihn fressen wollen, trifft unsere Situation.

Wir hängen wie Jesus am Kreuz des Lebens. Alle Erkenntnis und alle Erleuchtung nützen nichts, wenn die absolute Annahme dieser Tatsache nicht erfolgt. Erst wenn wir aufhören zu zucken, also wir, wie die buddhistischen Lehren es sagen, zu Lebzeiten gestorben sind, werden wir frei sein. Aber nicht frei, um Entscheidungen zu treffen, sondern diese, egal, wie sie fallen, anzunehmen, um den Geschmack einer Erdbeere zu schmecken, den Duft einer Rose zu riechen oder die Schönheit eines Sonnenuntergangs zu bewundern.

Blumen, Bienen und Menschen

Rein zufällig sah ich auf einem Kalenderblatt einen mit kindlicher Handschrift geschriebenen Spruch, welcher sinngemäß besagte, dass es ohne Bienen keine Blumen gäbe, Bienen unbedingt notwendig für die Menschen sind und dies nicht allein nur wegen des Honigs. Darüber war ein kindlich gemaltes Bild, welches Blumen und Bienen darstellt.

Die Botschaft des Ganzen ist, dass Veränderungen an dem Einen sich immer auf alles auswirken und das Alles eins ist, damit die Dinge wie bei einem Uhrwerk funktionieren und miteinander wie Zahnräder ineinandergreifen.

Da gibt es keine Wahl und Wille ist auch nicht zu sehen, sondern nur Handeln. Der Begriff Notwendigkeit stimmt und stimmt hier auch wieder nicht. Denn, so komisch es auch klingen mag, es ist nur Handeln möglich, wenn gehandelt wird, und das Handeln ist auch nur in den dafür vorhandenen Bereichen möglich.

Freiheit, die sich alle wünschen, ist nur scheinbar. Doch wer genauer hinsieht, erkennt, dass alles weder gefangen noch frei ist.

Die buddhistischen Meister benötigten oft Jahre für eine solche Erkenntnis, dafür war diese aber auch durchschlagender. Heute geht aufgrund des Standes der Wissenschaft, die wissenschaftliche Erkenntnis etwas schneller. Dies nützt aber leider nicht viel, da es im Wesentlichen auch der mentalen Erkenntnis und Erfahrung bedarf, die eine gewisse Reifezeit erfordert.

Oft bleibt die sogenannte Erleuchtungs-Erfahrung auf der Strecke und dies ist für eine endgültige Erkenntnis sehr hinderlich.

Die wissenschaftliche Erkenntnis erfolgt oft sehr speziell, als ob man ein Bild mit einer Taschenlampe oder Lupe betrachtet. Bedauerlicherweise kann man dabei nur einen Teil des Bildes sehen, was sehr irreführend ist.

Die mentale Betrachtung ist zwar undeutlich, aber man kann dafür das Ganze in seiner gesamten Schönheit erahnen.

Aus dieser Perspektive ist auch zu erkennen, dass Bienen, Blumen und Menschen, wie alles im Universum, nicht allein aus sich selbst heraus existieren, sondern einander benötigen. Ja, das komplette Umfeld mit dem kausalen Zusammenspiel sind für die Existenz notwendig.

Um Formen zu bilden, reicht das Vorhandensein von Teilchen und Energien allein nicht aus. Es verlangt das kausale Auswahlverfahren, welches wiederum durch die Unterschiedlichkeit der Teilchen und Energien zustande kommt. Nicht jedes Teilchen passt zu einem anderen, nicht jede Energie zu einer anderen, nicht jedes Teilchen zu jeder Energie und umgekehrt. Trotzdem gehören letztlich alle zusammen, es darf keines fehlen, sonst gibt es kein Ganzes.

Die vom Kind auf dem Kalenderblatt getroffene Aussage, dass Bienen für die Menschen nicht nur wegen des Honigs wichtig sind, ist richtig. Nur ist der Mensch auch Glied einer kausalen Kette, welche wiederum die nächste Weiterentwicklung möglich macht, die schließlich auch den Bienen zum Überleben dienen könnte.

Jede Form entsteht nicht aus Willkür, sondern aus unbedingter Notwendigkeit, auch wenn man dies nicht gleich auf den ersten Blick erkennt. Die eine Form benötigt die anderen Formen, die das notwendige Umfeld bilden, so wie Pflanzen Erde und Wasser benötigen.

Nur sieht es für uns Menschen immer so aus, als ob das Umfeld für uns Menschen da ist, dabei kommen die Dinge aus dem Umfeld. Ein Kartenhaus benötigt nun mal Karten, einen ebenen Tisch und eine ruhige Hand. Ohne den gäbe es kein Kartenhaus. Wenn eine der Komponenten fehlt, gibt es kein Kartenhaus.

Auch kann keine der Komponenten ins Nichts beseitigt werden. Es wird nur in etwas anderes umgeformt. Im Universum geschieht dies oft, indem es in seine ursprünglichen Bestandteile zerfällt und wieder neu und anders zusammengesetzt wird.

Übrigens, haben bestimmte Formen die Eigenschaft, sich selbst zu beseitigen. Krebs ist so eine davon. Sie haben keine Wahl. Sie haben aus irgendeinem kausalen Grund diese Eigenschaften, und so unmöglich es auch klingen mag, dienen sie trotzdem damit allem, also dem Großen und Ganzen.

Formen, die dem widerstehen, bilden dann wieder Grundlage für größere und weiterentwickelte Formen. Alle Formen haben genau genommen beide Eigenschaften. Sie zerstören und bauen auf.

Die Menschen gaben oftmals in der Vergangenheit und geben zum Teil heute noch die Verantwortung den Göttern. Das tun sie, weil sie nicht verstehen können, warum sie so sind, wie sie sind.

Bienen, Blumen und Menschen sind so, wie sie kausal nun mal entstanden sind, und entwickeln sich auch nur entsprechend ihrer Möglichkeiten.

Der Kalenderspruch des Kindes entstand aufgrund der menschlichen Denkweise, die sich wiederum durch ein körperlich-geistiges Auswahlverfahren so entwickelt, dass damit ein Überleben möglich ist. Ob es letztlich ein Überleben gibt, ist nicht wichtig, denn ein Untergang bedeutet nur, dass der Mensch in seiner jetzigen Form nicht in der Lage ist, sich weiterzuentwickeln. Seine

Bestandteile gehen nicht verloren, sie dienen nur etwas anderem. Damit ist aber auch gesagt, dass es immer nur Umwandlung und keinen Untergang gibt.

Die Beurteilung, ob etwas untergeht, ist auch nur eine menschliche Sichtweise, welche wiederum dem Schutz und damit der Entwicklung der Formen dient. Ob es hilft oder schadet, entspringt der gleichen Sichtweise und ist von mir hier nur zur Erkenntnisgewinnung ergänzt worden, aber auch nicht mehr und nicht weniger.

Die Trauer und das Universelle

Die Trauer möchte, dass die Dinge so bleiben, wie sie sind. Sie animiert uns, alles so lange wie möglich zu erhalten. Starke Gefühle sind emotionale Mauern. Sie haben sich kausal gebildet, um uns vor einer möglichen Gefahr zu schützen. Andererseits zwingen sie uns auch zum Handeln, um die eigene Art zu erhalten, sich zu vermehren und weiterzuentwickeln.

Die Gefühle sind, genau wie unser Organismus, nicht einfach so entstanden, sondern das kausale Auswahlverfahren hält sie für unbedingt notwendig und hat sie dadurch entstehen lassen.

Die Liebe nimmt dabei eine sehr zentrale Rolle ein. Alle Religionen, viele Esoteriker und Weisheitslehrer halten sie für die ursprüngliche oder auch die göttliche Kraft in allen Dingen. Ich stimme dem zu, denn schließlich ist sie im Kern die reine Lebensbejahung, und alle anderen Emotionen sind zwar nicht so offensichtlich, aber doch letztlich auch eine Art Liebe, denn sie dienen dem Leben.

Bei der Trauer ist die Liebe deutlich erkennbar. Schwieriger wird es bei den anderen negativen Gefühlen, wie zum Beispiel bei Hass, Ekel, Neid und Verachtung. Diese scheinen negativ, haben aber in der Hauptsache eine schützende Funktion und dienen damit der Erhaltung, Vermehrung und Entwicklung.

Auch wenn durch das Ausleben der negativen Gefühle scheinbar alles vorhandene Leben vernichtet werden würde, hätte das alles, so paradox es klingen mag, den Zweck, das Leben zu erhalten. Denn schließlich kann das Leben nicht vernichtet werden und es muss anderseits auch nicht erhalten werden. Es ist nun mal das kausale Zusammenspiel der vorhandenen Teilchen und Energien. Wenn es das nicht gebe, gebe es gar nichts.

Die Teilchen und Energien mit dem kausalen Auswahlverfahren bilden und sind gleichzeitig den Pool des Lebens, auch Universum genannt.

Anfang und Ende sind nur scheinbar, denn alles ist ständig im Wandel. Die menschliche Ansicht, dass alles sich auf ein Ziel hin entwickelt, entsteht oder vergeht, ist nicht korrekt. Die Ursache dafür ist sein begrenztes Erfassungsvermögen, welches wir aber in dieser Form zum Überleben benötigen. Dieses Erfassungsvermögen verdrängt das wahre Bild und gibt uns Menschen einen Sinn für unser Leben, in dem es auf eine paradiesische Zukunftsperspektive verweist. Dabei ist alles schon da, auch wenn das eine oder andere erst noch entstehen muss oder es sich gerade nicht in unserem Sichtfeld befindet.

Wir leben im Paradies, können es aber aufgrund unserer menschlichen Programmierung nicht erkennen. Das Erkennen des Paradiesischen in allem, führt und ist die

„Erleuchtung", nach der wir suchen, und welche viele erstreben wollen.

Die Trauer ist ohne unsere menschliche, gedankliche Einmischung eine von den vielen Blumen im Paradies und der Freude gleichgestellt.

Dem Leben auf der Spur

Das kausale Zusammenspiel von Energie und Materie ist Leben pur und erzeugt etwas, das wir Lebewesen nennen.

Besonders sichtbar ist das, bei einer Wiederbelebung. Es müssen alle wichtigen Bestandteile des Lebewesens vorhanden sein sowie zugeführt werden. Das kausale Gleichgewicht aller Dinge muss auf dem Punkt hergestellt sein, dann funktioniert das Wesen wieder.

Ob die Wiederbelebung funktioniert oder nicht, ist weder Schuld noch Verdienst, da auch hier das kausale Umfeld die Umstände schafft. Das Leben hat sich sozusagen selbst gerettet oder selbst getötet. Was für sich schon paradox klingt, da das Leben sich weder zu dem erwecken kann, noch kann es dies nehmen, was es selbst ist.

Was, kommt und geht, ist die selbstbezogene Wahrnehmung. Voraussetzung für Wahrnehmung ist das Vorhandensein von Sensoren. Es muss in jedem Fall Teilchen und Energien erfassen können und es braucht einen Informationsspeicher und einen Prozessor, der die Informationen mit vorhandenen Informationen vergleicht und kausal auswählt und mithilfe von Impulsen über Reizleitungen Organe anregt, zu handeln.

Dabei gibt es auch wie am Computer einen Arbeits- und einen Festplattenspeicher. Der Arbeitsspeicher erlischt mit dem Abstellen des Stromes, also der Energie. Die wichtigsten Teilchenformationen bleiben im Festplattenspeicher, den sogenannten Genen, gespeichert.

Erst durch Energiezufuhr und Aufnahme von weiteren Teilchen beginnen diese sich dann zu entwickeln. Dabei können sich aber nur zusammenpassende Teilchen zu einer Form ergänzen. Es ist dieses kausale Verfahren, das bewirkt, dass nur diejenigen Teilchenkombinationen, welche funktionierende Formen erzeugen, bestehen bleiben.

Damit ist es für mich durchaus möglich, dass schon viel früher, und zwar von Beginn der Entstehung des Universums an, die Weichen gesetzt werden und so auch unser Sein bereits von Beginn der Welt an vorbestimmt ist. Sollte das so sein, trifft diese Feststellung wohl auf alle Dinge zu. Da man aber die unzähligen kausalen Abläufe unmöglich erfassen kann, sieht es so aus, als ob Wahlmöglichkeiten, Zufall und Einfluss existieren würden.

Nun will ich diese Sachen nicht in Abrede stellen und allen sagen: Lasst das Handeln sein, es geschieht doch nur, das, was geplant ist. Doch so ist das allerdings auch wieder nicht.

Denn so wie die Kausalität die Entscheidungen verursacht, so hat sie auch verursacht, dass wir scheinbar willentlich entscheiden sollen. Denn nur diejenigen, welche überzeugt sind, dass sie willentlich handeln, haben die bessere Überlebenschance. Natürlich haben sie trotzdem keine Wahl, denn die Kausalität lässt keine zu.

Wie gesagt, dass wir der Meinung sind, dass wir die Handelnden sind, haben wir dem Entwicklungsstadium unseres Gehirns zu verdanken. Denn die Möglichkeit der Selbsterkennung, wie sie der Mensch besitzt, ist aus meiner Sicht eine der höchsten Wahrnehmungsformen. Sie ist aber auch eben nur wieder eine Form von vielen Wahrnehmungsformen, in welcher sich das Göttliche selbst wahrnimmt.

Alles ist Schöpfer und Geschöpf. Auch bei Mineralien, Pflanzen und Tieren gibt es Erkennen, wird Körperlichkeit erfasst, wissentlich überprüft und das Selbst reflektiert, nur dies auf einem anderen Entwicklungsniveau.

Es sind oft die Wissensspeicher und deren Kapazitäten sowie, um es in der Computersprache zu benennen, die Prozessoren und ihre Leistung, welche die Grenzen setzen. Auch funktioniert die ganze Sache ohne das passende und ergänzende Umfeld nicht. Das Gehirn funktioniert auch nur mit einem entsprechenden Energiewandlungsapparat, wie es unser Körper ist, welcher sich aber auch wiederum in einem entsprechend sicheren und mit kompatiblen Energien und Teilchen ausgestatteten Umfeld befinden muss. Fehlen Komponenten, würde alles nicht funktionieren.

Die kausale Entwicklung der Dinge stellt alles an den richtigen Platz oder verändert es so, dass es passt. Darum ist selbst das Sterben oder Töten gleichgestellt mit der Zeugung des Lebens und der Geburt. Hier wird bei der Leserin oder dem Leser Empörung entstehen, und das ist auch gut so, denn die Erschaffung des Lebens besitzt den Vorrang.

Da das Leben aus Energie besteht, besser gesagt, Energie ist, finden Geburt und Tod gleichermaßen statt. Das Leben muss sozusagen, um seiner selbst willen, töten, um zu gebären. Muss bedeutet ja, aber das ist einfach nur, stattfindet. Man kann es nicht verhindern, weil alles nun mal in Bewegung ist.

In den alten Auflagen hatte ich als Grund für diesen Prozess die Entwicklung angegeben. Doch es gibt keinen Grund für diesen Prozess, denn der Prozess findet einfach nur statt und führt zu Entwicklung, aber auch zu Vernichtung.

Wie gesagt, ist Entwicklung für viele Lebewesen notwendig, denn ohne Entwicklung ist für viele Lebewesen kein Überleben möglich.

Die Entwicklung ermöglicht dem Wesen oder Ding, die Konstruktionsmängel zu beseitigen und sich den äußeren Bedingungen anzupassen. Dies alles passiert aber nicht willentlich, sondern kausal. Die Formen, die dies nicht wählen, werden eingestampft und als Bausteine für neue Formen verändert.

Die biblische Beschreibung, dass Gott den Menschen aus Lehm schuf und ihn durch göttlichen Odem zum Leben erweckte, ist eine schöne, symbolische Darstellung. Der Lehm ist vergleichbar mit Materie und der Odem Gottes mit der Energie.

Hier denke ich nicht, dass der Schreiber ein vergleichbar einfaches, der Gemeinheit verständliches Wort wählte, sondern es wird wohl eher dem damaligen Wissensstand entsprechen. Die Einfachheit und die Nähe zur Wahrheit ließen diese Darlegung der Informationen bis heute überdauern.

Da die Darlegung für den aufmerksamen Beobachter klar erkennbar und für den Techniker logisch ist, könnte man denken, es handelt sich hier um keine göttlichen, sondern um eine rein menschliche Information. Doch der Mensch existiert nicht getrennt von allem, sondern, genau wie alle Dinge, ist er ein Element eines großen Ganzen. Damit widerspiegeln alle Medien etwas Göttliches.

Ähnlich wie Kleinkinder, die sich schon, bevor sie sprechen können, ihrer eigenen verständlichen Sprache bedienen, bedient sich hier das große Ganze der menschlichen Sprache. Aber Achtung, auch das ist nicht willentlich, kein Wesen steckt hier dahinter, das sich der Sprache bedienen möchte. Es hat sich einfach so kausal entwickelt.

Es ist der momentane Entwicklungsstand dieses Planeten mit seinen Wesen. Der Entwicklungsstand bewegt sich immer nur in eine Richtung.

Mit verschiedenen Vergrößerungsgläsern betrachtet, ist die kleinste Form der Bewegung kreisförmig und räumlich betrachtet spiralförmig. Die spiralförmigen Entwicklungs-schübe winden sich wiederum auch kreisförmig und bilden auch wieder Spiralen. Diese, nennen wir sie Spiral-Spiralen, bewegen sich auch wieder spiralförmig und bewegen sich in größeren Spiralen. Ob dies irgendwann aufhört, denke ich nicht. Ich vermute eher, dass sich zu guter Letzt der Kreis, im Gegensatz zu den Zwischenstufen, wieder schließt, und zwar dort, wo alles begonnen hat.

Das bedeutet aber, dass eine Entwicklung nicht dort aufhört, wo sie begonnen hat, sondern immer eine Stufe weitergeht.

Es findet immer Veränderung statt. Ein Besser oder Schlechter gibt es dabei nicht. Denn dies ist nur eine Bewertung, welche, wie zuvor erwähnt, die Individuen, also die Formen benutzen, um eine Situation zu beurteilen.

Wie gesagt, kann ich mir vorstellen, dass der Anfang auch gleichzeitig der Schluss ist und umgekehrt. Dieses Modell würde sogar die Urknalltheorie (1) bestätigen.

Der kreisförmige Verlauf der Entwicklung wird auch im Traummodell verwendet. Dabei spreche ich von der Ansicht, mancher Philosophen, dass dies alles hier nur ein Traum ist.

Weil die Vertreter dieser Theorie den kreisförmigen Verlauf der Entwicklung bestätigen, besitzt die im Traummodell dargestellte Art und Weise des Entstehens und Vergehens der Welten und Dinge auch eine gewisse Logik.

Dem Menschen erscheinen beide Modelle oft nicht sinnvoll, haben doch beide kein wirkliches Endziel zur Folge.

Anfang und Ende sind aber nur Richtlinien zur Orientierung und bestimmen damit Bereiche, sind jedoch im Großen und Ganzen nicht vorhanden.

Das Entwicklungsmodell ist für mich aufgrund des Vorhandenseins diesbezüglicher Gesetzmäßigkeiten, der Wahrheit am nächsten. Des Weiteren ist hier auch ein Sinn zu erkennen, der das Ziel verfolgt, das große Ganze zu erhalten. Hier trifft der Ausspruch, „Der Sinn des Lebens ist das Leben selbst" den Kern der Wahrheit.

Traum oder Wahrheit

Um das Thema besser zu verstehen, muss ich hier noch mal auf bereits Geschriebenes zurückgreifen.

Wie zuvor erwähnt: Die Entwicklung einer Form ist kein willentlicher Prozess, sondern sie entwickelt sich, weil die eigene Konfiguration und das Umfeld dies nicht nur ermöglichen, sondern vor allem, weil es keine andere funktionierende Möglichkeit gibt.

Hier ist wieder erkennbar, dass es ohne Umfeld, kein Individuum gibt. Umgekehrt wird das Umfeld von den Individuen gebildet, da es schließlich nur aus Individuen besteht.

Die Entstehung der Formen ist ein kausaler Prozess nach dem Null-eins- oder Ja-nein-Ausschlussprinzip. Übrigens: Selbst alle Glücksspiele unterliegen der Kausalität. Die Wahrscheinlichkeitsrechnung ist hier nur ein Näherungsverfahren mit einer sehr groben Betrachtung und Analyse. Die Mathematik ist der Beweis und bestätigt die kausale Entwicklung der Dinge.

Wäre alles nur ein Traum, würden ohne Ursprung Dinge erscheinen und sich verändern. Nicht nur meine Beobachtungen sagen mir hier etwas anderes. Es gibt bereits sehr viele Erkenntnisse von guten Beobachtern und Wissenschaftlern, und viele davon sind logisch erklärbar und haben ihre kausalen Ursachen. Im Traummodell bleibt dagegen die Erde eine Scheibe.

Für einige scheint es, als ob hier willentlich und unerklärlich handelnde Göttlichkeit im Spiel wäre. Nun gut, selbst diejenigen, die daran glauben, wissen nicht, wie das Einwirken funktioniert. Dabei wissen wir, dass jedes Einwirken das große Ganze komplett verändern kann. Dabei muss auch alles kausal Notwendige getan werden, damit die bereits vorhandene Welt bestehen bleibt. Selbst beim Erschaffen der Welt muss kausal gehandelt werden, denn sonst funktioniert sie nicht.

Für das Ego ist das alles eher nicht notwendig. Die Stärke des Gedankens an die Möglichkeit eines willentlichen

Eingriffs, ist ein Gradmesser, an dem man erkennen kann, wie tief man sich in der Ego-Ebene noch befindet.

Wobei die Ego-Ebene die am meisten menschliche ist und damit auch diejenige, die man auch Menschlichkeit bezeichnen könnte. Es ist wie die Anzeige einer Uhr. Man erkennt die Zeiger und ihre Bewegungen, sieht aber nicht das funktionierende Räderwerk mit Antriebsfeder und Unruhe, welche für den genauen Ablauf des Ganzen verantwortlich ist.

Man sieht sozusagen meistens nur die Auswirkungen und eventuell noch die Ursache, aber das ist nur eine Ebene. Es gibt hier noch mehrere stoffliche und energetische, welche den ganzen Prozess beeinflussen. Gute Uhrmacher wissen das und wählen entsprechende Materialien und benutzen diese auch kombiniert. Das Erkennen des großen Ganzen bleibt ein Näherungsverfahren, denn die beeinflussenden Elemente sind, zwar in kausaler Ordnung, aber eben unendlich viele.

Wie gesagt, ein willentlicher Eingriff ist nur scheinbar willentlicher, denn schließlich ist auch er kausalen Ursprungs. Die Herstellung einer Atombombe, die genetische Veränderung von Saatgut und das Klonen von Tieren sowie das Pflanzen von Bäumen, die Benutzung der Elektroenergie und die Heilung von Menschen sind genauso göttlich wie die Entstehung der Erde. Wobei der Ausdruck, „göttlich" hier nur Ähnlichkeiten mit dem hat, wie ihn die Religionen benutzen, er aber eher mit dem Wort „Leben" gleichgesetzt ist.

Leben ist nun mal keine Zauberei und auch keine Illusion. Jeder weiß, dass der Zauberer einen Trick anwendet, um den Zuschauer zu täuschen. Die Illusion entsteht daher, dass durch Ablenkung im Handlungsverlauf eine kausale

Lücke geschaffen wird, welche dem Gehirn fehlt, um aus den zur Verfügung stehenden Informationen ein sinnvolles Bild zu schaffen.

Die Lücke ist aber nicht leer, sondern enthält eine Information, die zu einem anderen Handlungsverlauf gehört, ähnlich wie zwei sich kreuzende Linien. Wobei die Linien Teil eines Kreises sind. Dieses Modell, ist aber nicht erfunden, sondern es ist der Verlauf aller Informationen, Entwicklungen und Prozesse. Das Leben entsteht sozusagen aus der Kausalität und existiert aber auch nur mit ihr.

Wer hier fragt, warum das so ist, hat die nächste Bewusstseinsstufe nicht erreicht, er steht aber schon fast vor dem Tor. Im Zen-Buddhismus bezeichnet man diese Tore als torlose Tore. Das Tor dient nur als Symbol. Man überschreitet eine gewisse Entwicklungsgrenze. Hier ist es die Erkenntnis und Sichtweise auf die Dinge des Ganzen.

An Stelle des Ganzen könnte man den Ausdruck Leben nehmen, nur irritiert dieser noch ein wenig, da im Ego-Bereich das Leben noch sehr mit alltäglichem Handeln verglichen wird. Leben bedeutet aber Bewegung, wobei Bewegung hier nicht nur eine Tätigkeit ist, sondern auch Entwicklung und Veränderung, Entstehen und Vergehen aller Dinge beinhaltet. Das Leben ist somit ein, die Dinge bearbeitender, permanenter Energiefluss, der im Energieverbrauch und in der -erzeugung vergleichbar einem Perpetuum Mobile (2) ist. Die Entwicklung verläuft kreisförmig. Alle Formen sind bereits vorhanden und werden nur mittels dieser Energien, auf Grundlage kausaler Notwendigkeit umgewandelt.

(1) https://de.wikipedia.org/wiki/Urknall

Als Urknall wird in der Kosmologie der Beginn des Universums, also der Anfangspunkt der Entstehung von Materie, Raum und Zeit bezeichnet.

(2) https://de.wikipedia.org/wiki/Perpetuum_Mobile: Als Perpetuum mobile (lat. ‚sich ständig Bewegendes', Mehrzahl Perpetua mobilia) werden unterschiedliche Kategorien ausgedachter, nichtexistierender Geräte bezeichnet, die – einmal in Gang gesetzt – ohne weitere Energiezufuhr ewig in Bewegung bleiben und dabei je nach zugrunde gelegter Definition möglicherweise auch noch Arbeit verrichten sollen.

Am Ende wird alles gut

Ja, und wenn es noch nicht gut ist, dann ist es auch nicht das Ende. So ähnlich las ich den Spruch auf der Postkarte. Eine Bekannte sagte so etwas Ähnliches zum Leben nach dem Tod. Der Wortlaut war aber eher ein Feiern ohne Ende.

Egal, wie es die Religionen und Esoteriker nennen, ich kann nur der Sache zustimmen. Jesus sagte, dass wir in der Welt Angst hätten, er aber die Welt überwunden habe. Was so viel bedeutet: Er starb bereits zu Lebzeiten.

Es ist in der Esoterik ein sehr beliebtes Thema und stammt ursprünglich aus dem Buddhismus. Die meisten Gurus sind ihrer Ansicht nach bereits gestorben, und das wird durchaus bei einigen auch zutreffen.

Viele Sterbende haben kurz vor dem Eintritt des Todes, soweit sie noch geistig fit sind, eine Erkenntnis. Sie sehen die Dinge so, wie sie wirklich sind.

Ich vermute, dass dies auch jeder von sich behaupten würde, aber dies ist bei vielen leider ein Trugschluss. Wir glauben immer noch, wir seien ein Jemand, dabei sind wir ein Etwas, das geboren wird und stirbt. Denn da ist kein Sterben, so wie es menschlich gedacht wird, sondern ein Zerfall einer Form in ihre Bestandteile, also Teilchen und Energien.

Bei der Entstehung einer Lebensform werden die Teilchen energetisch so zusammengesetzt, dass biologische Makromaschinen, sogenannte Zellen, entstehen. Eine Art Grundprogrammierung wird auch mitgegeben, sodass die richtigen Teilchen an die richtige Stelle kommen und sie funktionieren. Es entsteht eine Maschine, welche aus vielen funktionell notwendigen Einzelmaschinen besteht, welche Organe genannt werden. Der Prozess muss fast parallel ablaufen, da alles voneinander abhängig ist in sogenannter Symbiose steht.

Dass man später einige der Maschinen ohne Probleme entfernen kann, erklärt, dass auch hier kausal bedingt nicht mehr notwendige Formen nach und nach aus dem Rennen genommen, verändert oder durch geeignete ausgetauscht und später sogar aus der Grundprogrammierung herausgenommen werden.

Mit den körperlichen entstehen auch die geistigen Formen und je nach Entwicklung entsteht eine Identifizierung. Mit dem menschlichen Gehirn und dessen Lernprozessen entsteht die menschliche Denkweise und mit dieser seine, sogenannte, Weltanschauung.

Nun klingt das alles so einfach, aber so ist es nun mal nicht. Mit Muskeln und Knochen entstehen auch die Nerven zur Steuerung, und diese bilden wiederum die Grundlage für eine Gehirnentwicklung. Mit den Nerven entstanden die Emotionen. Ihre Schutzfunktion war es, welche die Emotionen kausal bedingt entwickeln ließ.

Die Angst spielt dabei die Hauptrolle und ich halte sie sogar für die Hauptemotion. Die Angst schafft die schützenden Umstände, damit die Form lang genug erhalten bleibt und sich vermehren und entwickeln kann. Diese Angst ist sehr stark an unser eingebildetes Selbst gekoppelt. Damit ist für den Menschen das Selbst, auch Ich genannt, etwas so Wichtiges, dass er beim Verlust des Gefühls nicht mehr funktioniert.

Hier wirkt kausal ein Schutzmechanismus, der nicht zu durchbrechen ist. Es ist aber kein Mechanismus, der wie eine Mauer funktioniert, sondern es ist eine Art kausal-emotionaler Vorgang, welcher den Menschen erst zu dem macht, der er ist. Darum geht er, im Gegensatz zu dem, was einige Gurus behaupten, nicht zu entfernen.

Wenn diese Gurus sich selbst richtig analysieren würden, würden sie es auch erkennen. Der gleiche Mechanismus, welcher den Meister behaupten lässt, dass der Schüler sein, sogenanntes, Ich aufgeben und loslassen soll, ist auch der gleiche, welcher für die psychologische Mensch-werdung verantwortlich ist.

Ja, so wie es aussieht, können wir zu Lebzeiten unser Ich nicht aufgeben, aber wir können erkennen, wie das mit dem Ich funktioniert, und uns gelegentlich als das sehen, was wir wirklich sind.

Dieses Sehen „wer wir wirklich sind" erfahren einige wenige schon zu Lebzeiten und manche erst am Ende des Lebens, in der sogenannten letzten Sekunde, und da ist dann alles gut. Denn, das ist der Frieden, welcher aller Vernunft übersteigt, wie es der Pfarrer oft in Predigt und beim Segensspruch ausspricht. Man kennt ihn auch unter den Begriffen „der Friede Gottes" oder „Erleuchtung".

Buddha und der „Alte Weg", Teil 1

Es handelt sich hier um den Weg des Suchenden zur Erkenntnis. Damit wäre schon alles gesagt. Nur steht der Suchende vor tausend Wegen und bei jedem steht ein Schild, auf dem draufsteht „Hier geht es lang", und der Suchende ist überzeugt, er würde sich entscheiden. Nur tut er das wirklich?

Wenn ich hier behaupte, dass selbst Buddha keine selbst gewählte Entscheidung getroffen hat, würde das nicht nur bei Buddhisten Empörung auslösen.

Buddha sprach von einem alten Weg zur Erkenntnis und dass dieser wiedergefunden werden müsste, um aus diesem ganzen Getümmel wieder ans Licht zu gelangen.

Und damit hat er recht. Der alte Weg ist immer gegenwärtig. Er ist zeitlos und wird von vielen gesucht und nur von wenigen gefunden.

Und diese Wenigen sind, so komisch es klingen mag, auch noch vom Universum dafür ausgewählt worden. Die Auserwählten werden dieses erkannt haben, und keinen Hehl daraus machen. Denn sie wissen um die Kausalität der Dinge und nicht nur das, auch dass es niemanden ist, der ihn findet. Weil der, die oder das, was sucht, der Weg, der Anfang, das Ziel und das Suchen selbst ist.

Es ist alles schon da. Auch der Schlüssel zur Erkenntnis ist da. Er wird nicht gefunden, sondern er schließt kausal bestimmt demjenigen das „Torlose Tor" (1) auf, dessen

Konfiguration es so ermöglicht, selbst wenn dieser es nicht einmal suchte.

Der Ausdruck „Man sieht den Wald vor lauter Bäumen nicht" erklärt die Sache etwas, er trifft aber nicht ganz den Kern.

Bei manchen Weisheitslehrern wird von der Amnesie des Göttlichen gesprochen. Ich denke, dass es keine Amnesie ist, welche eine Erinnerung benötigt, sondern dass es sich um ein Informationsproblem handelt, welches durch eine Art Übersetzung zum Erkennen führt.

Die vorhandenen Informationen müssen erst in den entsprechenden Computer (Gehirn) eingegeben werden. Aber das allein reicht nicht aus. Denn die Informationen sind nicht offensichtlich, eher verschlüsselt, und bedürfen eines entsprechenden Codes. Dieser wird durch, Lernen Stück für Stück zusammengesetzt, denn einfaches Erfassen reicht nicht aus. Hier müssen Erkenntnisse gewonnen und logische Schlüsse erkannt werden.

Auch ist die Weitergabe an Schüler notwendig, die dann wiederum diesen Lernprozess wieder und wieder wiederholen.

Und da kommen wir zur Meditation. Wissen ist virtuell. Es wird in 0 und 1 Bits gespeichert und geht verloren mit dem Körper, der es in seinem Gehirn gespeichert hat.

Dabei gibt es viele Wege, unter anderem auch den Weg durch bewegungsloses Sitzen, mit dem nicht selbstbezogenen Beobachten der Umgebung, auch Meditation oder beim Zen-Buddhismus Zazen genannt.

Das Suchen nach der Wahrheit erfolgt dabei durch das Erfassen oder Erfahren des Gegenwärtigen. Dabei wird alles, was geschieht, ohne Wertung, Reflexion und Identifikation betrachtet. Es verlangt hohe Konzentration und Aufmerksamkeit. Die Beobachtung des Atems ist dabei ein sehr guter Einstieg. Auch die Konzentration auf und das Beantworten von Fragen sind hilfreich.

Hier gibt es auch zwei Kategorien. Das eine sind sinnvolle Fragen und das andere sind scheinbar sinnlose Fragen, so genannte Korans (2).

Viele Mönche und Suchende haben aber, und das ist das Menschliche, eher die Frage gestellt: „Wie komme ich aus diesem Jammertal zur ewigen Glückseligkeit?", also: Wie kann ich Stroh zu Gold spinnen?

Es ist aus meiner Sicht nicht immer die Neugier, ein viel größerer Antreiber und Motivation ist eher die Angst und das Leid. Die schlichte, einfache Lebensangst ist für mich das Ergebnis der Antreiber unserer kausalen Auswahl.

Buddha selbst ist dafür das größte Beispiel. Wobei er den kausal geeignetsten Anfang hatte. Er wuchs im größtmöglichen Ego-Bereich auf. Die Neugier brachte ihn zum absoluten Gegensatz seines bisherigen Lebens. Er lebte in Gesundheit, Jugend und Reichtum und sah Krankheiten, Altern, Armut und Sterben. Wäre er im Ego-Modus geblieben, hätte dies zu einer schweren Depression geführt. Der übergroße Leidensdruck ließ ihn alles aufgeben, zuerst den Weg des Bettlers und danach den des wohlhabenden Mannes. Doch diese Wege verstärkten eher sein Leid. Was aber letztlich positiv war. Führten sie Buddha doch zum Platz unter dem Bodhi-Baum, einer einfachen Pappelfeige, wo er schließlich die Wahrheit erkannte und somit die Erleuchtung erfuhr.

Erst ohne alles, und damit sind nicht nur Besitztümer gemeint, sah er den „Alten Weg", den man nur „nackt" durchschreiten kann, um dann schließlich durchs sogenannte „Torlose Tor" (1) zu schreiten.

Übrigens kann man dies in vielen Märchen und Sagen und auch in heiligen Schriften nachlesen. Jesus sagte zum Beispiel in seiner Bergpredigt zu seinen Jüngern sinngemäß, dass das enge Tor zum Leben führt.

Nun wird manche oder mancher, der dies liest, sich fragen, was ihm das alles hier nützt, denn seine Probleme lösen und Glückseligkeit erreichen kann man auch auf anderen Wegen. Ich kenne diese Wege und sie sind auch auf den ersten Blick die Lösungswege, welche der Mensch in erster Linie zur Problemlösung nutzt.

Das Reden mit der Familie, den Freunden, Kollegen, dem Arzt und Psychologen kann helfen und führt auch zu Erkenntnissen. Nur sind die sehr oberflächlich und meistens nicht von Dauer, um kennenzulernen, das Gegenteil bewirken. Verdrängung und die Ratschläge wie „Schau dir andere an, denen geht es viel schlechter, sieh, was du alles hast, denke positiv, treibe Sport, verreise, gönne dir mal was, du hast es dir verdient usw." sind kurzzeitig auch hilfreich, nur weisen sie oft auf das große Tor.

Der Weg zur Wahrheit und Erkenntnis führt aber durch das kleine Tor, welches meistens versteckt und unbequem zu erreichen ist und sich auch noch dort befindet, wo keiner hinmöchte. Erst mit Annahme seiner Situation und Aufgabe seiner persönlichen Forderungen, wie Jesus in der Wüste und Buddha unter dem Bodhi-Baum erfahren musste, öffnet sich das „Torlose Tor" und man sieht den alten Weg zum Paradies sowie die Antwort auf alle Fragen.

(1) Das „torlose Tor" ist ein Koan (2) aus dem Zen-Buddhismus, das einen Widerspruch beschreibt. Man kann es so verstehen, dass, wenn wir diese Welt hier verlassen, um in eine Art Himmelswelt hinüberzugelangen, wir durch ein Tor gehen müssen, welches nicht existiert.

(2) Ein Koan ist eine widersprüchliche Frage, welche nicht logisch zu beantworten geht, dadurch aber den Fragenden zur Erkenntnis führt.

(3) Neuendorf Testament dem Matthäusevangelium, Kapitel 7, Verse 13:14, bei Markus 8:34

Buddha und der „Alte Weg", Teil 2

Es gibt keinen alten Weg, klingt aber romantisch und ist für Geschichtenerzähler daher sehr attraktiv, denn es macht den Zuhörer neugierig. Geschichtenerzähler leben vom Verkauf ihrer Geschichten, und hier sind wir gleich wieder bei den kausalen Notwendigkeiten. Der Geschichtenerzähler hat keine Wahl. Aus einem inneren, kausal entstandenen Antrieb heraus gibt der Geschichtenerzähler der Geschichte Spannung und weckt damit die Neugier des Zuhörers. Leider wird dann den ursprünglichen Geschichten, wie bei dem Spiel „Stille Post", eigene Informationen und Interpretationen hinzugefügt, so dass zum Schluss auch hier die Wahrheit auf der Strecke bleibt.

Aber kommen wir wieder zum „Alten Weg" zurück. Die Japaner sagen, der Weg ist das Ziel, und so ist es hier auch. Der Weg ist immer da, nur sehen wir ihn nicht. Schuld ist unsere Konditionierung, unser Menschsein. Es lässt uns somit die Dinge aus einer Perspektive sehen, welche die

Wahrheit anders interpretiert. Es legt uns zum Beispiel einen Schleier über die Welt, welcher uns den Anschein gibt, dass wir diejenigen sind, die alles beherrschen, alles im Griff haben, aber auch für alles verantwortlich sind.

Dass wir aber auch nur eine Form von vielen sind, dem Zerfall unterliegen und ähnlich wie ein Ameisenhaufen im Gras bei der nächsten Mahd dem Erdboden gleichgemacht werden könnten, verdrängen wir. Erfassen tun wir es oft erst im Angesicht einer unmittelbaren Gefahrensituation.

Die Wahrheit befindet sich nicht im Kopf und in den Gedanken, darum führt der Alte-Weg nur aus diesem Wirrwarr heraus, in dem man die Dinge sieht, wie sie wirklich sind. Aber auch nicht mehr und nicht weniger.

Dieser Weg ist der Weg des Lebens. Da gehört auch die Fantasiewelt des menschlichen Gehirns dazu, denn sie ist auch nur eine Form von vielen Formen.

Alle Krankheiten weisen schmerzlich darauf hin. Wir hängen wie Jesus am Kreuz ein Leben lang. Was aber nicht bedeutet, dass das Leben leidvoll ist, sondern es ist so, wie es ist. Wer dies grundhaft versteht, findet den sogenannten Frieden Gottes, der höher ist als jede Vernunft. Wer diesen Frieden hat, wird ihn auch verbreiten, so wie Buddha es tat.

Warum geht der Guru nicht zum Guru

Bei fast allen „Gurus" und Weisheitslehrern habe ich gelesen, dass diese, selbst wenn sie eingeladen werden, nicht oder nur aus Höflichkeit zu einem Vortrag eines anderen Gurus gehen würden. „Warum diese Arroganz?", fragte ich mich. Erst mit der absoluten Erkenntnis sah ich, dass es für ihn keinen Sinn mehr macht, noch mal die Gebrauchsanleitung für den Weg zur Erleuchtung erklärt zu bekommen. Schließlich hat er doch schon das Ziel erreicht.

Die Geschichte mit dem Floß, welches man nicht mehr benötigt, wenn der Fluss überquert wurde, trifft die Sache am besten. Wie gesagt, warum dann normal die Gebrauchsanweisung zum Floss-Bau lesen?

Man ist am Ziel angelangt. Aber wie weiß man, dass man es erreicht hat? So unglaublich es klingen mag, aber, man weiß es einfach.

Natürlich ist der Weg zur Erkenntnis nicht einfach. Um das besser darzustellen, möchte ich das noch mal anhand eines Puzzles erläutern. Ein Puzzle besteht aus vielen Teilen, die an eine bestimmte Stelle gehören, damit es ein sinnvolles Bild ergibt.

Und so ist es auch mit dem Erkennen der Wahrheit. Die Puzzleteile sind hier die Informationen und die richtige Lage bestimmt das kausale Auswahlverfahren. Um also das Bild, hier die Wahrheit, zu erkennen, bräuchte man genügend Puzzleteile, die ein Bild erahnen lassen. Leider ist das Universum so groß, dass es fast unzählige Puzzleteile gibt.

Der oder die Suchende muss eine Vielzahl von Informationen sammeln. Das ist nicht nur Wissen, sondern er muss auch die Funktionsweise und damit die kausalen Zusammenhänge erkennen.

Sagen wir es einfach so: Das Gehirn benötigt ausreichendes Wissen und eine entsprechende Konfiguration, um logische Zusammenhänge zu erkennen.

Doch das kommt nicht von allein. Ein passendes Umfeld und ständiges Bemühen sind nötig. Zudem unterliegt alles zusammen noch einer kausalen Entwicklung. Das bedeutet, nicht jeder wird es erreichen. Doch wir wissen nicht, ob wir auserwählt sind. Darum bleibt uns nur eine logische Möglichkeit, und das ist, nicht aufzugeben und dranzubleiben. Das bedeutet zu handeln, denn ohne Handeln wird es keine Erleuchtung geben.

Die besten Chancen haben die, die das Talent haben, sich Wissen anzueignen und logische Zusammenhänge erkennen können. Am schwierigsten haben es natürlich diejenigen, die beides nicht haben. Trotzdem haben beide die gleiche Chance, schließlich entscheidet letztlich das Universum, also das kausale Auswahlverfahren, wer wohin kommt.

Übrigens, diejenigen, die aufgeben, sich verirren oder andere Wege gehen, werden nicht traurig sein, weil sie es einfach so wollten.

Es gibt also Vorbestimmung. Die Vorbestimmung, auch Schicksal genannt, wird von vielen infragegestellt. Besonders bei Motivations-Veranstaltungen oder Coachings wird dies gelehrt, um Neues zu wagen und hinderliche Einstellungen zu korrigieren.

Warum dies selten funktioniert, liegt eben, wie schon zuvor genannt, daran, dass diese Belehrungen nur bei denen fruchten, welche die entsprechende kausale Entwicklung durchlaufen haben. Das zu erkennen, ist fraglich, denn dafür sind unser Wissen und Denken nicht ausreichend.

Jede Situation des Daseins entsteht aus einer Vielzahl von kausalen Komponenten. Es ist fast wie bei den alten

Teppichknüpfern. Nur hatten die Teppichknüpfer kein ungefähres Bild vor Augen, wie der Teppich zum Schluss wird.

Die kausale Notwendigkeit bestimmt, wann und wie der Faden geknüpft wird und damit letztlich auch das Bild zum Schluss.

Die Meister erkannten und erkennen den Teppich, in der Computersprache auch Matrix genannt, nicht nur, sie fühlen instinktiv die Wahrheit dieser Erkenntnis.

Warum also etwas erfahren, was man schon weiß? Die Ironie bei dieser Aussage ist, dass sie selbst die Funktionsweise des kausalen Auswahlverfahrens erklärt. Es besteht keine unbedingte Notwendigkeit und damit auch keine Handlung des Gurus. Wer genau hinsieht, erkennt auch keinen Guru, sondern nur Handeln – ja, und den Grund allen Handelns.

Meditation und Beten

Grundsätzlich ist jegliches ‚Bitten und auch Beten‘ in erster Linie an sich selbst gerichtet. Dies gilt sogar bei Dialogen und Forderungen. Sender und Empfänger sind eine Person. Durch die Sprache und durch die namentliche Anrede wird allerdings jeder in Reichweite des Geräuschpegels befindliche Empfänger mit angesprochen. Diese Empfänger müssen allerdings die Sprache und Tonschwankungen interpretieren können, was wiederum gespeicherte Erfahrungen verlangt. Je nach Konditionierung werden die Empfänger reagieren. Dies ist ein Schutzmechanismus, der kausal bedingt entstanden ist, um eine mögliche Gefahr einzuschätzen und diese dann wiederum mit geeigneten Mitteln abzuwehren.

Beim Gebet allerdings, wird dem eigenen Gehirn die Aufgabe herangetragen und es wird eine Art Suchfilter erstellt. Das geschieht wie folgt. Mit der Formulierung des Wunsches oder der Dankbarkeit wird ein virtuelles Bild erzeugt, welches von nun an alle sachdienlichen Informationen aus seinem Umfeld herausfiltert. Das Bild aktiviert auch entsprechende Organe des Organismus, sodass entweder der gewünschte Zustand eintritt oder das ersehnte Ziel erreicht wird.

Da hier aber die kausalen Einflüsse des Umfeldes eine nicht unwesentliche Rolle spielen, muss es nicht immer zum gewünschten Ergebnis führen. Durchaus kann man auch bei etwas anderem landen oder es kann sogar das Gegenteil eintreten.

Erleuchtung und der Frieden Gottes

Der „Friede Gottes" ist das weiße Blatt Papier, auf dem das Leben geschrieben wird. Ohne das weiße Blatt Papier gibt es keine Geschichte, also ohne Frieden kein Leben. Selbst ein alles zerstörender Krieg ist nur wildes Gekritzel, das weiße Blatt bleibt davon unberührt. Das weiße Blatt ist die Gesamtheit aller Teilchen und Energien. Es ist das Gekritzel auf sich selbst, denn ohne weißes Blatt gibt es kein Gekritzel noch sonst irgendetwas.

Um also das zu finden, was man bereits ist, benötigt man Wissen und Gedankenlosigkeit.

Erklären möchte ich das mit Erde, Saatkorn und Pflanze. Damit aus einem Samenkorn eine Pflanze entsteht, benötigt man etwas, aus dem es seine Nahrung bezieht, das ist das Umfeld.

Mitgegebenes und neues Wissen, muss einem wie Wasser zufließen.

Gedankenlose Ruhe und Zeit sind außerdem notwendig. Und zu guter Letzt muss sich alles noch im kausalen Einklang befinden.

Fehlt nur eines, entsteht keine Pflanze, genauer gesagt hat sie ein kurzes Leben. Den kausalen Einklang lässt sich mit einem mathematischen Durchschnittswert vergleichen. Ergeben alle Zahlen der Mengen und Qualitäten von den einzelnen Komponenten, immer die gleiche, für das Wachstum notwendige, Summe, dann wächst die Pflanze.

Durch das Meditieren allein bekommt man keine Erkenntnis. Leider muss man, so paradox es klingen mag, trotzdem das Gehirn benutzen und die Gedankenlosigkeit denken lassen, um schließlich die „Wahrheit" zu sehen.

Absolut sieht man sie ohnehin nur mit dem dritten Auge, denn es ist eher ein Spüren.

Die Erkenntnis ist übrigens meistens schon da, es bedarf nur noch eines absoluten JA dazu, doch dieses kommt erst, wenn das Maß voll ist, also genügend Wissen und Erfahrung gesammelt wurde.

Nur um den Frieden Gottes zu bitten, ist meistens nicht ausreichend, aber auch nicht nutzlos, denn bekommen werden ihn auch nur diejenigen, die nach dem Frieden

Gottes suchen. Wie Jesus schon sagte: „Wer sucht, der wird finden."

Die Liebe

Die Liebe ist das Kernthema des Universums, denn sie ist nicht nur das Ziel, sondern auch gleichzeitig der Mechanismus, durch welchen alles überhaupt existiert und funktioniert.

Wir Menschen haben die Liebe in viele Kategorien aufgeteilt, dabei gibt es im Grunde nur eine. Die Aufteilung erfolgte, weil auch diese Form, kausal bedingt, nach ihrem Nutzen und Gefahrenpotenzial eingestuft werden muss. Evolutionär ist hier ein Gefühl entstanden, das so stark ist, dass es vor nichts zurückschreckt. Und das in positiver sowie auch in negativer Hinsicht.

Der Mensch hat bei der Liebe keine Wahl, denn sie ist der ureigenste Antrieb und zwingt ihn förmlich zum Handeln. Andererseits hätte er diesen Antrieb nicht, wäre seine Spezies schon ausgestorben.

Wie zuvor erwähnt, ist die Liebe das alles zugrunde liegende. Wer die Liebe in ihrem Wesen erkennt, erahnt, warum das alles hier existiert, und sieht die Kausalität in den Dingen. Überprüfen kann er das praktisch damit, indem er sich die Frage beantwortet, warum er unvermeidlich sterben wird.

Die Liebe ist das JA zu allem und ist Haupttriebkraft von Entwicklung, Vermehrung und Überleben.

Aber sie vernichtet, unterdrückt, trennt und lässt auch aussterben. Sie erschafft und vernichtet. Die Urvölker haben diese Eigenschaften ihren Hauptgöttern zugesprochen.

Für uns klingt Zerstörung grausam. Aber das ist nur so, weil wir es aus dem Ego-Modus betrachten. Wir wollen geliebt und anerkannt werden, dabei gesund und erfolgreich sein, eine große Familie und viele Freunde haben. Einsamkeit und Anlehnung sind dabei unsere größten Angstgegner.

Dass wir die Liebe im Wesentlichen mit der partnerschaftlich-sexuellen Beziehung verbinden, ist hilfreich und liegt der Wahrheit näher, weil sie alles hat, was Liebe ausmacht.

Man könnte meinen, dass körperlich-sexuelle Liebe, welche scheinbar der Vermehrung dient, die Hauptform aller Liebesformen stellt und die anderen eher nur zuträglich sind, aber das ist nur scheinbar.

Platonische Liebe zum Beispiel, erzeugt den Eindruck, dass sie zum Stillstand für Vermehrung und Entwicklung führt. Dies ist aber nur scheinbar, denn durchaus können diese Beziehungen harmonischer sein und sich damit positiv auf das Umfeld und die Erziehung des Nachwuchses auswirken.

Heterosexuelle Liebe kann zwar zur Vermehrung beitragen, aber auch viel Leid und Vernichtung erzeugen.

Das für wahre Liebe erbarmungslose Auswahlverfahren, welches wir mit viel Romantik schmücken, hat schon vielen das Leben gekostet. Doch selbst die Kenntnis von der möglichen Gefahr hindert uns nicht, den Schritt zu wagen, sondern gibt dem Ganzen eher noch ein besonderes Etwas.

Warum setzen wir uns diesem Risiko aus, suchen den Nervenkitzel und lieben das Abenteuer? Es wurde hier evolutionär, also kausal, in uns ein Grundgefühl entwickelt und sogar genetisch gespeichert, welches dem Gedanken um die Vernichtung trotzt und sogar in Kauf nimmt. Und diese nur, um dieses Gefühl in seiner größtmöglichen Form zu erfahren, damit die scheinbar bestmögliche Form entsteht.

Das kausale Auswahlverfahren, welches die Formen entstehen und auch wieder vergehen lässt, ist aber nur das Handelnde hier. Die Liebe dagegen ist das Göttliche in allem, ähnlich einer Matrix, denn schließlich und letztlich ist sie das alles Bejahende.

Dass es hier auch unendlich viele, menschlich betrachtet, gute und schlechte Formen geben muss, liegt am riesigen Pool an vorhandenen Möglichkeiten und Dingen. Dass wir bestimmte Liebesarten nicht akzeptieren, hat mit unserer menschlichen Entwicklungsstufe zu tun. Durchaus kann es sein, dass wir in dieser Stufe steckenbleiben, zurzeit sieht es jedenfalls danach aus.

Für mich ist dies verständlich, denn wie die Frucht am Baum braucht es Zeit. Es müssen vermutlich noch sehr viele weitere kausale Einflüsse wirken und Entwicklungsstufen entstehen, welche dann zu einer Erkenntnisstufe führen, die uns nicht gegenseitig vernichten, sondern zusammenleben lassen.

Vorzeitiges Erzwingen führt leider eher zum Untergang. So komisch es auch klingen mag, ein Untergang wäre der Sache sogar zuträglich. Wir kennen es durch die Beobachtung der Natur. Wo Altes vergeht, entsteht meistens etwas Neues, qualitativ Besseres.

Somit bestätigt sich hier das zuvor Gesagte, dass auch ein Vernichten oder Untergang letztlich aus Liebe geschieht und damit der Liebe zugehörig ist.

Wie heißt es in einem Songtext: Liebe ist alles. Wer diese Erkenntnisse tiefgründig verstanden hat, wird die Welt mit Buddhas Augen sehen und ist am Ziel einer langen Reise angekommen.

Wahrnehmung

Als Techniker war mein erster Gedanke, dass das Göttliche erst mit dem und nur durch das Menschsein sich selbst erfahren und erspüren würde. Denn der menschliche Organismus besitzt nicht nur die dazugehörigen Sensoren, sondern auch das dazugehörige Gehirn, welches das gespeicherte Wissen analysieren und auch logisch kombinieren kann.

Diese Eigenschaften sowie die analoge Funktionsweise des Gehirns ermöglichen es außerdem, dass auch noch Dinge in nicht oder nur schwer zu durchschauenden Bereichen erkannt, zumindest erahnt werden können. Denn analoge Systeme, wie Uhren mit Zeigern oder Funkgeräte mit Mittel- und Langwellenempfang können aufgrund ihrer Konstruktion, Informationen zwar nicht so genau wie digitale Systeme, aber dafür tendenziell mitteilen.

Erst mit der zweiten, genaueren Betrachtung erkannte ich, dass der erste Gedanke nicht ganz der Wahrheit entsprechen kann. Denn jede Spezies besitzt ihre eigene evolutionäre, also kausal bedingt entwickelte, körperliche Wahrnehmungs- und Informationsverarbeitungs-Ausrüstung und nimmt dadurch die Welt nur aus deren Perspektive wahr.

Bei uns Menschen handelt es sich eben um ein rein menschliches Erkennen. Da aber letztlich alles im Universum Vorhandene ein Organismus ist, erkennt sich das Göttliche durch alles und in allem und das auf der jeweiligen Ebene, mit deren jeweiligen Art und Weise des Erkennens. Es ist sich somit immer gewahr.

In der letzten Ausgabe des Buches war ich noch der Meinung, dass das Fühlen eines „Ichs", welches seiner Meinung nach selbst Entscheidungen trifft, nur einem Gehirn mit menschlicher Struktur vorbehalten ist. Dem ist aber nicht so. Denn die Wahrnehmung eines Selbst bzw. Eigenwahrnehmung ist mehr oder weniger bei allen Formen grundsätzlich vorhanden, reflektieren dagegen können nur wenige.

Die vom Menschen vorgenommene Unterteilung in höher- oder niederentwickelte Lebensformen möchte ich hiermit infrage stellen. Vermutlich wird diese Beurteilung auf der Grundlage der vorhandenen Informationsverarbeitung vorgenommen. Die Informationen zu verarbeiten, hat allerdings nur den Zweck, eine Gefahrensituation zu beurteilen und geeignete Gegenmaßnahmen einzuleiten. Hier höre ich den Leser und die Leserin argumentieren: Es gibt doch auch Situationen ohne Gefahrenpotenzial. Hier muss ich leider widersprechen, denn Gefahr ist nicht gleich Gefahr. Zum Beispiel muss Essen beschafft werden. Frieden gehalten, Land oder Wohnraum erworben, Partner gesucht und ausreichend Geld verdient werden. Wenn man alle diese Handlungen auf den Grund geht, wird man deren existenzielle Notwendigkeit erkennen. Selbst Haarschneiden, hier als Beispiel genannt, ist eine solche, denn sie dient der Verbesserung der äußeren Erscheinung und letztlich der Paarung und schließlich der Vermehrung.

„Das ist aber weit hergeholt!", werden einige sagen. Und das ist sogar richtig, doch hier geht's um die ursprüngliche Programmierung unseres Daseins und nicht um die gegenwärtige Betrachtung.

Das Universum ist also eine Art Persönlichkeit, die wiederum aus vielen Persönlichkeiten besteht und die auch wieder aus vielen Persönlichkeiten zusammengesetzt wird. Es handelt sich hier also nicht um ein zentrales „Eines", das willentlich alles steuert, sondern um ein durch und durch aus Energie bestehendes und mittels kausalem Auswahlverfahren Gesteuertes großes Ganzes.

Das sogenannte „Eine" besteht also aus unendlich „Vielem", welches kausal miteinander agiert. Alles, was aus unserer Sicht aussieht wie ein persönliches Handeln, basiert nur auf kausaler Notwendigkeit. Die Erscheinung eines Handelnden ist ähnlich einer Luftspiegelung in der Wüste, auch Fata Morgana genannt. Damit meine ich, dass das Leben keinerlei Persönlichkeit besitzt, alles in allem aber eine sogenannte Persönlichkeit bildet, wobei jedes Ding notwendig ist, da es dort, wo es ist, durch notwendige Kausalität hingebracht wurde. Würde eines fehlen, wäre alles andere auch nicht da.

Um es vereinfacht deutlich zu machen, gebe ich folgende Überlegung mit. Im Wettkampf gebe es ohne den Verlierer keinen Gewinner und infolgedessen keinen Wettkampf.

Kommunikation

Kürzlich sah ich einen Film über Bäume. Was besonders faszinierte, war die Funktionsweise ihrer Biomechanismen und Kommunikation. Die Frage, was ist Kommunikation und warum ist sie Bestandteil des Universums, rückt hier in den Mittelpunkt. Kommunikation ist, wie jeder weiß, die Verbindung zwischen allen Elementen und Dingen und ist durchaus qualitativ auf allen Ebenen gleich.

Wir Menschen, die wir aufgrund unserer Gehirnstruktur eine sehr breite Wahrnehmung und besonders analytische Möglichkeiten der Wissensverarbeitung haben, sind vermutlich in der Lage, viele Kommunikationen zu entschlüsseln und für uns verständlich zu machen.

Die kausalen Mechanismen wirken und sind unbedingte Voraussetzungen der Kommunikation. Eine wesentliche Grundlage ist dabei die Dualität. Ohne diese Dualität gibt es keine Kommunikation. Denn Kommunikation verbindet die verschiedenen Formen zu einer zusammengesetzten Form, welche wiederum Bestandteil der größten Form, des Universums, ist. Die Informationsverarbeitung in unserem Organismus und besonders im Gehirn funktioniert auf die gleiche Weise. Es besteht aus sogenannten Neuronen, und diese können elektronische und chemische Signale empfangen, verarbeiten und weiterleiten. Die Organe sind wiederum mit Nervensträngen verbunden, welche ebenfalls Signale übertragen. Im Grunde ist unser Körper ein kleines Universum. Ich würde sogar behaupten, dass jede Form mehr oder weniger ein kleines Universum ist und das Universum widerspiegelt.

Die Kommunikation ist somit unbedingt notwendig und ein grundlegender Bestandteil des Universums, wie Teilchen und Energien. Das bedeutet also: Ohne Kommunikation gäbe es kein Universum.

Eins und Null, Ja und Nein, Positiv und Negativ sind dabei die ursprünglichen und hauptsächlichen Informationen, welche ausgetauscht werden. Man kann jede Kommunikation betrachten und wird im Kern diese Botschaften finden. Sie dienen letztlich, wie alles, dem Schutz und der Entwicklung.

Selbst ein Selbstgespräch findet zwischen zwei Formen statt, denn Dualität ist Grundvoraussetzung für Kommunikation.
Es benötigt mindestens einen Sender und einen Empfänger. Sender und Empfänger können dabei jegliche Form sein, unterscheiden tun sie sich dabei nur handlungsbedingt. Vom Sender gehen Informationen aus und beim Empfänger gehen sie ein.
Im Falle der Selbstgespräche handelt es sich nur um virtuelle Formen, welche vom Gehirn erzeugt werden und wichtige Voraussetzungen für die menschliche Selbsterkenntnis sind. Der ständige Datenaustausch ist außerdem Voraussetzung für die Datenspeicherung, denn Datenvergleich, Datenbewertung und damit das Denken. Wie man hier erkennt, ist eine ständige Kommunikation notwendig, damit ein Denkvorgang stattfindet.
Der Kommunikationsvorgang verlangt Energie als Antrieb und Teilchen als Transportmittel. Das Fehlen einer Komponente lässt das Ganze nicht funktionieren. Damit findet auch in und zwischen allem, Kommunikation statt.

Der Mensch ist oft überzeugt, er sei derjenige, welcher hinsichtlich der Kommunikation am weitesten entwickelt wäre. Dies ist aber ein Irrtum und seiner oft noch engen Sichtweise geschuldet. Das Universum erfährt sich nicht allein durch seine Spezies, sondern durch die Gesamtheit aller Formen. Mögen sich die Formen auch getrennt fühlen, so sind sie doch alle gegenseitig abhängig. Sie sind die Organe eines Körpers, welchen wir Menschen Universum nennen. Dabei ist jegliche Handlung richtig und positiv, selbst Handlungen, die aus menschlicher Sicht negativ sind. Das Gute hatte schon mit Beginn des Universums gesiegt, und wer dies hier verstanden hat, weiß auch, dass es nicht siegen muss, denn Siegen setzt Kämpfen voraus und Kämpfen verlangt Dualität. Aber das gehört schon zu einem anderen Kapitel.

Formlosigkeit

Der Begriff „Form" dient nur zur Orientierung. Denn jede Form setzt sich aus Formen zusammen und ist auch wiederum Bestandteil einer größeren Form. Die Formlosigkeit ist somit, mag es auch paradox klingen, die Eigenschaft aller Formen.

Wenn sich ein Guru als formlos beschreibt, weil er sich aufgrund seines Wissensstandes so empfindet, verlässt er das Menschsein, bleibt aber menschlich, da die Reaktion auf seine Einsicht menschlich ist.

Die Konfiguration des menschlichen Gehirns ermöglicht diese Einsicht und auch Reaktion. Das Gehirn, welches diese Erkenntnis für sich realisiert hat, kann dann aber nur die Welt auf dieser Grundlage betrachten und hat das

Bedürfnis, dieses Wissen allen mitzuteilen. Dieses Bedürfnis ist ein Mechanismus, welcher durch das kausale Auswahlverfahren entstanden ist, und soll damit die Art schützen. Das ist übrigens die Grundlage jeder Informationsweitergabe, wie es letztlich auch über die Medien erfolgt. Gleichzeitig schafft es für denjenigen, der die Informationen weitergibt, Distanz und Toleranz. Diese Methode wird auch so bei der Psychotherapie angewandt.

Nun nochmals zum Thema des Kapitels. Die formlosen Teilchen mit den formlosen Energien bilden die Grundlage der Formlosigkeit, und alles zusammen bildet als größte Form das Universum. Damit haben die Gurus und Weisheitslehrer recht, wenn sie bei bestimmten Bewusstseinsstadien von einem kosmischen Empfinden reden oder es so beschreiben.

Schluss

Ich schließe hier mein kleines Werk und beende die informelle Reise in die Welt, so wie sie ist.

Jetzt könnte man sagen, dass sich Reisen aus vielen Bewegungen zusammensetzt. Ich bin aber der Meinung, dass jede Bewegung eine Reise ist. Die kleinste und erste ist vermutlich die Verbindung zweier Energien.

Doch das hatte ich bereits in einem der vielen Kapitel erwähnt.

Unter anderem gehören Erfahren und Lernen auch zu den Bewegungen.

Da es sich hier um eine Überarbeitung von zwei fast gleichen Büchern handelt, möchte ich noch etwas zu den beiden Exemplaren schreiben.

Wer beide Bücher liest, wird feststellen, dass diese zum größten Teil gleiche Kapitel mit geringfügiger Änderung beinhalten. Grund dafür war, dass dieses Buch hier ursprünglich nur elektronisch und das andere in Papierform erscheinen sollte.

Leider habe ich meine Fähigkeiten überschätzt und die Dynamik der Erkenntnisarbeit unterschätzt, sodass ich mich gezwungen sehe, diese Bücher immer wieder zu überarbeiten.

Da es sich bei der Erkenntnisgewinnung um einen kausalen Vorgang handelt, welcher von notwendigen Korrekturen, Änderungen und Anpassungen angetrieben wird, wird es wohl nicht bei der letzten Überarbeitung bleiben.

Hier ist das viel beschriebene kausale Auswahlverfahren in seinem Wirken erkennbar. Damit besitzen diese Bücher eine gewisse Lebendigkeit.

Es handelt sich hier somit um eine Art virtuelle Form, also Gedanken, welche einer materiellen Form, also meiner, entspringen. Hier wirkt alles das, was in den Kapiteln erläutert wird.

Wie jede Form hat diese hier Anfang und Ende, aber auch Unendlichkeit. Die Form selbst hat Anfang und Ende und besteht aus Informationen. Das Sein ist dabei die Wahrheit. Ich nenne es das weiße Blatt Papier oder auch Matrix. Schließlich handelt es sich um die alles zugrunde liegende Liebe. Die Religionen haben dafür ihren eigenen Namen.

Darum empfehle ich der Leserin oder dem Leser, immer die neueste Ausgabe zu lesen, denn wie zuvor erwähnt, sind da nicht nur Korrekturen, sondern auch inhaltliche Änderungen.

Da nicht alles hier aus gelerntem Wissen stammt und einiges von mir erst beim Schreiben erkannt wurde, wird wie immer empfohlen, den Inhalt nicht ungeprüft zu übernehmen.

Dazu ist es hilfreich, dass sich die Leserin oder der Leser wieder in ihren oder seinen vertrauten Denkbereich begibt, damit dieser alles für sich gedanklich sortieren und ein Urteil bilden kann.

Das Anliegen der Bücher ist, es, dem Suchenden Informationen zum Nachdenken zu geben und einen möglichen Weg zu einer Erkenntnis aufzuzeigen. Leider birgt dieser Weg auch Gefahren, aber jeder Forscher weiß, dass man ohne Risiko keine Erkenntnis erfahren wird.